非暴力鬥爭

Non-violent Struggle

李　方／著

孟　樊／策劃

出版緣起

　　社會如同個人，個人的知識涵養如何，正可以表現出他有多少的「文化水平」（大陸的用語）；同理，一個社會到底擁有多少「文化水平」，亦可以從它的組成份子的知識能力上窺知。眾所皆知，經濟蓬勃發展，物質生活改善，並不必然意味著這樣的社會在「文化水平」上也跟著成比例的水漲船高，以台灣社會目前在這方面的表現上來看，就是這種說法的最佳實例，正因爲如此，才令有識之士憂心。

　　這便是我們——特別是站在一個出版者的立場——所要擔憂的問題：「經濟的富裕是否也使台灣人民的知識能力隨之提昇了？」答案

恐怕是不太樂觀的。正因爲如此，像《文化手邊冊》這樣的叢書才值得出版，也應該受到重視。蓋一個社會的「文化水平」既然可以從其成員的知識能力（廣而言之，還包括文藝涵養）上測知，而決定社會成員的知識能力及文藝涵養兩項至爲重要的因素，厥爲成員亦即民衆的閱讀習慣以及出版（書報雜誌）的質與量，這兩項因素雖互爲影響，但顯然後者實居主動的角色，換言之，一個社會的出版事業發達與否，以及它在出版質量上的成績如何，間接影響到它的「文化水平」的表現。

　　那麼我們要繼續追問的是：我們的出版業究竟繳出了什麼樣的成績單？以圖書出版來講，我們到底出版了那些書？這個問題的答案恐怕如前一樣也不怎麼樂觀。近年來的圖書出版業，受到市場的影響，逐利風氣甚盛，出版量雖然年年爬昇，但出版的品質卻令人操心；有鑑於此，一些出版同業爲了改善出版圖書的品質，進而提昇國人的知識能力，近幾年內前後也陸陸續續推出不少性屬「硬調」的理論叢

書。

這些理論叢書的出現，配合國內日益改革與開放的步調，的確令人一新耳目，亦有助於讀書風氣的改善。然而，細察這些「硬調」書籍的出版與流傳，其中存在著不少問題，首先，這些書絕大多數都屬「舶來品」，不是從歐美「進口」，便是自日本飄洋過海而來，換言之，這些書多半是西書的譯著。其次，這些書亦多屬「大部頭」著作，雖是經典名著，長篇累牘，則難以卒睹。由於不是國人的著作的關係，便會產生下列三種狀況：其一，譯筆式的行文，讀來頗有不暢之感，增加瞭解上的難度；其二，書中闡述的內容，來自於不同的歷史與文化背景，如果國人對西方（日本）的背景知識不夠的話，也會使閱讀的困難度增加不少；其三，書的選題不盡然切合本地讀者的需要，自然也難以引起適度的關注。至於長篇累牘的「大部頭」著作，則嚇走了原本有心一讀的讀者，更不適合作為提昇國人知識能力的敲門磚。

基於此故，始有《文化手邊冊》叢書出版

之議，希望藉此叢書的出版，能提昇國人的知
識能力，並改善淺薄的讀書風氣，而其初衷即
針對上述諸項缺失而發，一來這些書文字精簡
扼要，每本約在六至七萬字之間，不對一般讀
者形成龐大的閱讀壓力，期能以言簡意賅的寫
作方式，提綱挈領地將一門知識、一種概念或
某一現象（運動）介紹給國人，打開知識進階
的大門；二來叢書的選題乃依據國人的需要而
設計，切合本地讀者的胃口，也兼顧到中西不
同背景的差異；三來這些書原則上均由本國學
者專家親自執筆，可避免譯筆的詰屈聱牙，文
字通曉流暢，可讀性高。更因為它以手冊型的
小開本方式推出，便於攜帶，可當案頭書讀，
可當床頭書看，亦可隨手攜帶瀏覽。從另一方
面看，《文化手邊冊》可以視為某類型的專業辭
典或百科全書式的分冊導讀。

　　我們不諱言這套集結國人心血結晶的叢書
本身所具備的使命感，企盼不管是有心還是無
心的讀者，都能來「一親她的芳澤」，進而藉此
提昇台灣社會的「文化水平」，在經濟長足發展

之餘，在生活條件改善之餘，在國民所得逐日
上昇之餘，能因國人「文化水平」的提昇，而
洗雪洋人對我們「富裕的貧窮」及「貪婪之島」
之譏。無論如何，《文化手邊冊》是屬於你和我
的。

孟樊
一九九三年二月於台北

序　言

呈現在讀者面前的這本小冊子，既代表我
個人認識上的一個大轉變，也寄託了我對民主
鬥士的關懷，對為爭取人民權利而犧牲了的烈
士的哀悼，和對一切統治者、特別是獨裁統治
者的勸告。

先從認識上的轉變與深化說起。

日常發生在我們身邊的事情，有時看似簡
單，其實你並沒有真正理解它；而一旦真正理
解了，你就能夠更好地去處理它、駕馭它。就
以飲食為例吧。雖說較有涵養的人都懂得：吃
飯是為了活著，活著不是為了吃飯；但是自古
以來，大多數人都只知道追求美食，追求山珍

海味；至於這些食品與使人活著、與個人健康
的關係，一般人是知之不多的。到了醫學發達
的今天，人們才知道甚麼病應該多吃甚麼，禁
食甚麼；在保證健康的前提下再講求口味，而
不是盲目地去攝取美食。

　　對於非暴力運動，特別是遊行罷課等抗議
活動也是如此。人們經常使用這類手段，但主
要是在碰到不滿意、特別是對政府不滿意的時
候，作爲一種進行抗議的民主權利加以行使；
很少對此進行系統的理論研究，更不知這是當
代和今後的主要鬥爭手段，因而也就大大影響
了奪取勝利的可能性，也未能避免不必要的損
失。

　　我個人1949年畢業於中央大學政治系，在
大學四年中曾是學生運動中的活躍份子，並爲
此蹲過監獄；對於怎樣組織示威抗議和罷課遊
行，非常熟悉；但始終是把非暴力行動看作政
治鬥爭中的一種輔助手段，以爲起決定性作用
的還是軍事戰場，還是暴力。

　　1949年以後，大陸的政治學、社會學等學

科，按照史達林的觀點，被當作「資產階級的
僞科學」取消了。我也改行去教自己饒有興趣
的歷代文選和中國文學史。幾十年之後，我才
醒悟到原來政治學一向爲統治者所厭惡，因爲
它使老百姓變聰明，容易看破統治者的奴役伎
倆。它尤其被當代的獨裁暴君和一切極權主義
者所深惡痛絕，因爲當代政治學著重研究的是
民主、自由、法制和人權等問題，這是要動搖
他們統治基礎的極爲有害的東西。

　　文化大革命結束後刮起了一陣強烈的改革
之風，政治學也叨光被列爲需要恢復或重建的
學科之一。我以甘心入地獄的心情再作馮婦，
天眞地投入了重建政治學和宣傳政治體制改革
的工作。大陸的政治學一時也似乎很有起色。

　　說入地獄，是因爲由於政治這個領域，從
古就極其險惡、黑暗而且骯髒，它是人類「社
會愛滋病」流行的領域；政治學就是爲了醫治
這種社會愛滋病的一門學問。然而人們卻往往
遷怒於政治學而輕視它，西方甚至有人把它叫
做「骯髒的科學」。作爲政治學家，我爲此受夠

了不公平的誤解、歧視和冷眼對待，還要準備
應付隨時可能遭遇到的文字獄。但我是安之若
素，只是默默祈禱人們終於會有把愛滋病和治
愛滋病的醫生區別清楚的一天。

　　在政治學所的十年，我為普及政治學和推
動政治體制改革而日以繼夜地工作。當時我對
發展政治學的總體看法是：從治本的角度說，
應該大力研究政治哲學。這是因為當代人類社
會的痼疾是──社會科學遠遠落後於自然科
學，人類幾乎可以製造出一切曾經幻想過和意
想不到的東西來，卻就是不能創造出一個在國
內外和睦相處的社會。社會科學中尤其滯後的
是政治學：資本主義百孔千瘡，社會主義的幻
夢迅速徹底破產，人類在政治理想方面正處於
大真空的危險時期，所以應該對此展開積極的
研究。在治標方面，就大陸的情況言，首先是
消滅個人崇拜，發揚民主，改革政治體制，克
服或抑制官僚主義。但自己始終不曾對非暴力
鬥爭的問題給予重視。

　　1989年的天安門大慘案以及蘇聯東歐所發

生的驚天動地的巨變，粉碎了我有關中國大陸
全面改革的某些夢想，也從根本上改變了我對
政治鬥爭的看法。我深知中國大陸的改革從此
將在崎嶇的道路上行走；政治體制的改革困難
重重，政治學乃至整個社會科學的發展將受到
重大衝擊。果然，作爲中國政治學大本營的中
國社科院政治學研究所現在已經名存實亡，研
究人員東逃西散，機構附屬在其他單位領導下
苟延殘喘。

　　在這種情況下，我回顧了自從印度甘地展
開非暴力抵抗和不合作運動以來的國際國內政
治動態，不禁對非暴力鬥爭具有了與過去很不
相同的看法，並產生了濃厚的興趣。我開始閱
讀有關非暴力鬥爭的書籍資料，並與提倡非暴
力運動的學者接觸，特別是與以研究非暴力鬥
爭爲中心任務的愛因斯坦研究所（The Albert
Einstein Institution, Boston）建立了比較密
切的聯繫，替他們翻譯資料和書籍，撰寫材料，
從而認識到非暴力鬥爭不僅文明合理，切實可
行，而且是眞正最強大的武器。這些道理，本

書將在以後的章節中詳加論證。

　　1993～94年度，我接受該所的資助，撰寫有關中國非暴力鬥爭的專著，和爲《非暴力鬥爭百科全書》撰寫若干詞條。而今又趁揚智文化事業公司出版《文化手邊冊》之便，撰寫《非暴力鬥爭》這本小冊子，把我所知道的當代西方關於非暴力鬥爭的理論向台灣、向兩岸的有志之士陳述出來，爲的是我深信在文明進步的今天，無論是兩岸各自內部、還是兩岸之間的問題、矛盾和衝突，都可以、應該而且一定只能夠使用非暴力的方式來解決。

　　其次，說我寫此書是出於對民主鬥士的關懷和對烈士的哀悼，那是因爲迄今國內外大大小小的非暴力運動，大多是屬於自發的行動，很少是有理論指導的自覺的鬥爭，因而就大大減少了取得勝利和擴大成果的機會，也沒有能夠避免不必要的損失和犧牲。這常使我撫膺嘆息。我希望本書不僅能夠引起學術界的重視，爲普及和發展非暴力鬥爭的理論作出貢獻，從而推動非暴力鬥爭的蓬勃發展；而尤其重要的

是能夠給予從事非暴力鬥爭的戰士們以幫助，
使他們從此在有理論指導和有組織有計劃的條
件下進行鬥爭，從而取得更多更大的勝利，加
速社會的進步。這對於那些因從事非暴力鬥爭
而不幸犧牲了的烈士們，當然也是一種很好的
悼念和安慰。

　　至於談到對統治者、特別是對獨裁統治者
的勸告，這話乍聽起來，眞有點像與虎謀皮似
的書呆子氣。其實不然。非暴力鬥爭的近二百
種方法中，「非暴力勸服」(nonviolent persua-
sion) 就被列爲應該首先考慮的一種重要手
段。因爲理應假定許多統治者，特別是有相當
文化和現代知識的統治者，在強大的群衆壓力
面前，有時是可以理喻的。很明顯，在民主與
人權運動高漲的今天，一切暴力鎮壓都有可能
招致目前或此後的嚴重後果。困擾了台灣當局
幾十年的二二八事件今天已經平反，朝鮮的光
州事件則不僅已經平反，當事人還正面臨法庭
的審判。社會主義國家從史達林時代以來的大
批冤假錯案也大致已經平反，只不過有些案件

也許是由於負責者還在台上，因而平反得不夠徹底而已。例如在大陸，唯獨1957年的右派沒有發還所扣工資和給予賠償，並且還用保留極個別的人如章伯鈞等不予平反的辦法，藉以證明這場搞錯了99.99%的反右運動還是正確的和必要的。真是愚不可及。

　　須知平反得愈晚，對統治者的損失就有可能愈大。有一些重大事件雖然還有待平反，但誰都知道只是一個時間問題。當決策者看到其鎮壓後來所產生的那種嚴重反應時，恐怕也難免會有悔禍之心的。這就是統治者在強大的非暴力鬥爭面前可以被勸服的客觀基礎。我希望本書對那些尚可理喻的當權者能夠起一點勸其懸崖勒馬的作用。

　　任何一種理論，即使是硬科學如數學和物理學領域的理論，也往往會存在著某些不同的意見與爭論；至於人文科學，特別是其中的社會科學，正如孔墨死後立即「儒分為八，墨離為三」那樣，派別林立甚至彼此針鋒相對是極為常見的事情。非暴力鬥爭的比較系統的理

論，即使只從印度的甘地算起，也已經有七、八十年的歷史；其間不僅分歧疊見，還加上這是一門跨學科的理論，有關的學者分散在不同領域，彼此接近與合作較一般困難；因而迄今還不曾出現公認的權威性系統理論著作。本書是一種常識性的普及讀物，這裡只把各家所共同關心和經常討論的問題，分門別類加以歸納整理，末了再附參考書目，以便於有興趣者作進一步研究；而不以有關學者爲對象，一個個逐一加以介紹、引證和比較。

　　由於西方學術界對東方文化了解不多，他們在著作中很少使用中國的資料。爲了便於中國的讀者理解，也爲了發展非暴力鬥爭理論，本書在適當的場合，偶爾也加入一點中國的材料，這與介紹當代西方的非暴力理論，應該是沒有矛盾的。

　　末了，我想趁此機會，向美國非暴力行動的研究者和活動家們，特別是愛因斯坦研究所的學者們：Professor　Ronald　McCarthy, Professor Gene Sharp, Dr. Bruce Jenkins,

Dr. Christopher Kruegler & Dr. William Vogele等人表示衷心的感謝。是他們的熱情幫助使我進入了社會科學的一個新的領域，並取得了一點初步的成果。

　　　　　　　　　　　　　　　　　李方

目　錄

第一章
非暴力鬥爭的涵義

　　當代西方民主國家學術界和社會活動家所說的「非暴力鬥爭」(non-violent struggle)，又叫非暴力衝突 (non-violent conflict)、非暴力行動 (non-violent action)；在應用於國防問題之上時，也有人管它叫做群眾性的國防或防禦 (civilian-based defense)。雖然不見有人給它下一個簡明的定義，但卻有為大家所公認的準確涵義。為了弄清楚它的準確涵義及其與某些傳統觀念的區別，最好是從扼要分析人類社會的某些特點及其鬥爭的種類著手。

第一節　人是一種社會性動物

　　人是整個一生都在群體中生活，並依靠群體維持生存的社會性動物，離開群體個人就不能生存。從這個角度上說，人和螞蟻蜜蜂沒有兩樣。這說法有些憤世嫉俗的人也許不願意聽，但卻是無法反駁的。因為這道理非常明顯：單個的人既鬥不過虎豹犀象，也無法應付水旱災害。人類之所以能成為萬物之靈，並取得今天精神與物質文明上的成果，是靠各民族經過無數世代人的努力而一步一步發展起來的。初生嬰兒如果只供給營養，不與人類社會作任何接觸，其智力將比猩猩高不了許多。魯濱遜在荒島上之所以能夠生存下來，完全是因為有前此所獲得的人類所積累的知識和船上所漂來的有用雜物。嚴格意義上的離群索居是沒有可能的。即令是在社會上已經長期生活過的成年人，一旦離開人群太久也會變殘變傻。菲律賓

叢林中發現的隱藏了三十多年的二次大戰逃兵，大陸秦城監獄單人間所長期拘禁的囚徒，都失去了正常生活能力，就是例證。

第二節　人類社會充滿矛盾和鬥爭

　　既然人類是靠群體、靠社會而生存下來並成為萬物之靈和地球主宰的，那麼這是否等於說，人類社會充滿著愛，充滿著合作精神，或者說合作精神經常是佔主導的呢？這也不盡然。歷史紀錄告訴我們，人類社會既有和平共處，互相幫助的日子；也有明爭暗鬥，互相陷害的時候。有時人們互相戕害，其殘忍的程度，其殺戮的規模，大大超過了遠古人類與毒蛇猛獸的鬥爭，他們甚至可以使群體歸於毀滅也在所不惜。並且科學愈進步，鬥爭中的暴力手段和野蠻程度也愈升級。很難說清楚以往的人類社會究竟是以合作還是以鬥爭為主導的。

　　世界各民族的先哲們有鑑於此，從西方的

蘇格拉底、亞里斯多德到中國的孔墨老莊，他
們殫精竭慮，描繪出一幅又一幅「理想國」和
「大同世界」的美麗藍圖，然而誰都沒有找到
恐怕也不可能找到實現這種藍圖的方法與途
徑。他們提出博愛、兼愛等美好的行為準則，
卻無法讓人們普遍遵守。人們不僅做不到「老
吾老以及人之老」或「視人家若其家」；並且有
時父子兄弟鬥爭起來，比對外人、對敵人還要
殘酷。現實一點的態度應該是承認人類社會永
遠是有矛盾和鬥爭的。真正切實可行的濟世良
謀是研究如何緩解矛盾並改進鬥爭的手段，用
文明的非暴力手段代替行之已久的野蠻的暴
力。這就是當前西方大批社會科學家和非暴力
活動家的奮鬥目標。

第三節　人類鬥爭手段的分類

　　人與人之間的矛盾是多種多樣的，但就整
體而言，其起因不外是生存競爭，競爭激化之

後就變成鬥爭。

　　人類之間的鬥爭不僅由來已久，鬥爭的方式和手段也是多種多樣的。但是從暴力手段的使用與否著眼，則可以區分為暴力鬥爭和非暴力鬥爭兩大類。兩者當中，大約暴力鬥爭（即武鬥）是遠古最先和最常用的手段，因為用口咬和拳打腳踢，是互相鬥爭中的人或動物最方便、因而也就是最常用的方式。至於非暴力鬥爭（即文鬥），則只有當文明比較進步，懂得了說理，懂得了以柔克剛和知道運用非暴力技巧之後才有的事情。

　　愈是古代，人類使用暴力的場合就愈多。在現代民主法治國家，直接使用暴力解決問題的場合已經相對減少。但是這不等於說人類使用暴力的習性已經有了根本改變；而是相反，文明愈進步，科學愈昌明，人類在鬥爭中使用的暴力手段也就愈升級，殺傷威力愈強大，殺害方式愈殘酷，破壞規模愈驚人：從達姆彈、毒氣彈、細菌武器到核子武器，人類已經走到了可能毀滅自己、毀滅地球的極其危險的境

地。這也就是提倡非暴力鬥爭所以刻不容緩的
原因之所在。

　　儘管在人類社會中暴力與非暴力鬥爭同時
並存，儘管隨著文明的進步和法制的建立，暴
力行動已經明顯減少；但是必須承認，在人類
歷史上，暴力一直是佔主導的，暴力至少統治
著有文字記載以來的幾千年的歷史。迄今在社
會鬥爭中，特別是在國際事務中，暴力鬥爭仍
然是起主導作用的。很多人靈魂深處的信念依
然是強權即公理。

　　值得注意的是，世界上從古到今，有許多
暴力鬥爭的愛好者和宣傳者。如以眼還眼的報
復主義者、各種色彩的軍國主義者，以及鼓吹
暴力革命的馬克思主義者等等。一部分馬克思
主義者強調流血的階級鬥爭，把武裝鬥爭和暴
力革命歌頌為人類社會發展的動力，推動歷史
前進的火車頭，成為與當代非暴力鬥爭學說相
對立的主要流派。

第四節　當代非暴力鬥爭的涵義

一、與社會上某些類似行動的區別

　　反對使用暴力的理論，形形色色的非暴力行動，本是各民族從古以來就有的。當代各民主國家的非暴力研究者和活動家，盡量從他們那裡吸收有用的營養，但又與這些理論派別有顯著的不同。這裡僅就幾種與當代非暴力理念相類似的觀點加以比較：

　　1.與反對殺生的宗教觀點的區別：各種宗教大都相信有天堂地獄，主張仁愛寬厚、行善積德。佛教的教義尤其如此：他們「愛惜飛蛾紗罩燈」，連一隻螞蟻都不忍踩死。因而大多數宗教人士都是反對殺生的。

　　當代的非暴力活動家欣賞他們酷愛和平的精神，當代的環保衛士不僅主張愛護動物，連植物也盡力保護；但這與宗教界的反對一切殺

生的觀點有所不同。為了人類的營養，該殺生
的時候還得要殺。同樣的道理，為了非暴力鬥
爭的勝利，有時還須作忍受犧牲生命的決定。

2.與無原則的忍讓主義的區別：西方歷史
上有許多主張無條件忍讓，從而委屈求全的觀
點。聖經中教導：當人家打你一邊臉蛋時，你
應該把另一邊送上去，就是最有名的古訓。這
與中國唐朝婁師德教導他弟弟要「唾面自乾」
如出一轍。不幸的是，這種觀點在中國十分流
行：孔子提倡犯而不校，以德報怨。俗話所謂
「忍得一時之氣，免得百日之憂」，所謂「張公
百忍得金人」。這一切教導就使人變成膽小怕
事的弱者，完全失去了戰鬥的意志和勇氣。

非暴力鬥爭的戰士，在敵方的暴力鎮壓面
前，只是設法減少損失而絕不以牙還牙，其目
的是為了進取，為了用以柔克剛的方式奪取勝
利。它與無原則的忍讓主義毫無共同之處。

3.與和平主義的區別：社會上雖然難免不
時出現一些好戰份子或唯恐天下不亂的人；但
是嚮往和平的人總是佔絕大多數的。和平是各

民族所世代追求和歌頌的理想，但是不少人對它也不免有種種誤解。須知和平並不是簡單地指沒有發生戰爭或暴亂，而是指全社會成員在公平合理的，或者至少是可以忍受的條件下共同安居樂業。高壓下的暫時寧靜，例如陳吳起義前的秦朝，皮鞭和死亡威脅下的地主或奴隸主莊園，法西斯佔領軍刺刀下的被征服的土地，都有可能出現短暫時期的表面安定。然而這只不過是火山爆發前的醞釀階段，是山雨欲來風滿樓時的令人焦慮的時刻，絕對談不上真正的和平。

因此在追求和平時，一定要有合理的標準，絕不能委屈求全，統治者也休想用維護和平的大帽子，要求人民在沒有民主與人權的情況下，替你長期保持所謂的安定團結。

這世界上曾經有過各種各樣的和平主義者，他們或是只知片面強調和平，或是在和平的幌子下別有所圖，例如冷戰時期在前蘇聯操縱下的所謂保衛世界和平大會，所推行的就是當時蘇聯的國際路線，而不是一般人所謂的和

平。

　　非暴力運動者讚賞人們熱愛和平的精神，但非暴力並不是和平的簡單的同義詞，而是把非暴力行動作爲一種改良社會的戰鬥手段。爲此目的，即使暫時犧牲社會的某種寧靜也在所不惜。非暴力鬥爭所追求的是在合理基礎上的眞正持久的和平。至於這「理」所指的是甚麼，則是要看具體條件而定的。

　　4.與無政府主義的區別：非暴力鬥爭所使用的許多手段，也就是無政府主義者所喜愛並經常使用的手段；不僅如此，而且每次大規模非暴力運動，常常有許多無政府主義者及持其他種種政治觀點的人參加進來，因而也就帶來了他們的政治觀點，並力圖使運動朝著他們所追求的方向前進。

　　爲了廣泛團結群衆和擴大聲勢，非暴力運動的領導者也應該歡迎具有各種政治觀點的人參加，只不過應該加強領導，不讓運動迷失方向而已。

　　正因爲如此，所以特別應該搞清楚非暴力

運動和跟它似是而非的無政府主義的區別。兩
者的主要區別在於，無政府主義者主張廢棄政
府，為此有時不惜使用武力和進行破壞活動。
而非暴力運動則是一種改良社會的運動，它不
主張推翻一切政府，而是迫使政府改正其違反
人民利益的措施；在政府無可救藥時，當然不
惜推翻它而建立新的比較進步的政府而不是不
要政府。

二、當代非暴力鬥爭的準確涵義

　　如上文所述，雖然迄今還找不到為大家所
公認的關於非暴力鬥爭的教科書式的定義，而
且我們研究問題也不必從定義出發。但是，經
過以上的分析，不難看出，當代的非暴力鬥爭，
就其佔主導地位的學者及其著作中所發表的觀
點說，至少包括以下一些涵義：

　　1.非暴力鬥爭是改良社會的一種重要手
段。非暴力鬥爭是站在人民大眾的立場，與政
府，特別是獨裁政府及國內外反動派作鬥爭的
一種政治運動。以後章節所將要介紹的非暴力

鬥爭的理念根據、戰略戰術和鬥爭方法等等，都只有站在正義立場的人民大衆才可以使用。至於人民群衆之間的矛盾與衝突應該如何處理，當前各名家的著作對此都沒有明確提及。筆者以爲也只能夠使用非暴力手段，應該是不成問題的。

2.一切衝突理應透過非暴力鬥爭方式解決。主張非暴力鬥爭的人，接受從古以來先進人物熱愛和平、反對暴力的思想，認爲使用暴力乃至互相殘殺，是一種野蠻而且愚蠢的行爲，是人類還沒有完全擺脫原始社會落後狀態的表現。文明進步的人類社會，應該彼此和睦相處。一切社會矛盾與衝突，都應該用和平的即非暴力的方式加以解決。

3.非暴力鬥爭有可能解決一切社會衝突。解決衝突不僅應該使用非暴力手段，而且完全有可能透過這種手段解決問題。人類雖然很早就使用過非暴力鬥爭，但是在民主社會到來之前，這種手段很少奏效，因而慷慨之士認爲很不實際，於是轉而採取暴力行動。但是當民主

制度初步建立之後，非暴力鬥爭便逐漸取得愈來愈多的勝利。往後的論述將證明非暴力鬥爭是解決衝突最有希望的手段。

4.非暴力鬥爭是解決問題最有效力和最有威力的武器。最有效力指的是使用非暴力手段，可以用較小的代價，較短的時間，取得較大的成果。

最有威力指的是非暴力手段不僅具有強大的力量，而且如果運用得好，它並且是不可戰勝或者所向無敵的。

乍看起來，使用非暴力手段好像是一種軟弱的表現。其實並非如此。當代非暴力鬥爭理念家最大的貢獻，就在於他們雄辯地論證了非暴力鬥爭是戰無不勝的最強大的武器。當然這力量的大小，還有待於從事非暴力運動的人士去開發。

所以當代非暴力運動的學者和活動家認為，非暴力鬥爭是一種不使用軍事火力武器的新的戰爭，是人類鬥爭的最高形式。

以後的章節將對上述觀點，從理論和實例

上進行有說服力的具體論證。

　　在此應該著重指出的是，由於當代非暴力鬥爭是一門跨學科、跨行業、跨階層的運動，在眾多的有關出版物上，在此起彼伏的實際鬥爭中，常常是百家爭鳴，甚至互不相讓，是很難找出或建立有絕對權威、只此一家、別無分店的代表人物和觀點來的。

第二章
非暴力鬥爭發展簡史

第一節　自發階段的非暴力行動

一、西方早期的非暴力行動

　　如前所述，人類社會從一開始就存在著矛盾和鬥爭，鬥爭的方式可分爲暴力與非暴力兩種，而且是以使用暴力爲主要手段；當然也會有兩者同時或交替使用的情況。

　　資本主義民主革命以前，雖然也曾經發生過一些這種或那種形式的非暴力行動，但其規

模一般都比較小，並且常常遭到無情的暴力鎮
壓。

在西方，古希臘各城邦，由於有比較原始
的民主思想和與之相應的政治制度，人民可以
透過選舉，透過公民大會等方式發揮其對政治
的影響。古羅馬在共和時期，其元老可以透過
對執政官的選舉，透過公民大會，對政治發揮
作用。古羅馬在共和時期的百人團會議、元老
院及公民大會，都曾經以非暴力的方式，對國
事發生影響。即令在封建的歐洲中世紀，當時
的各種行會組織、法國的三級會議、英國的兩
院，以及其他國家的類似機構，也都曾經發揮
過同樣的作用。

此外，人民群眾在忍無可忍時所採取的請
願、抗議和示威，也都是早期自發的非暴力行
動。只是這些行動由於缺乏理論指導和社會條
件，往往釀成起義或暴亂，並遭到無情的鎮壓。

西方學術界對於他們古代自發的非暴力行
動，由於其與當前的現實鬥爭聯繫不夠密切，
僅略微涉及，很少作系統詳細的研究。

　　在進入資本主義時代以後，由於有了不同程度的民主思想，也由於有了某種形式的法律保障，群衆抗議與遊行示威此起彼伏，不曾間斷。有遠見的政治家對於某種程度的非暴力鬥爭也並不十分害怕；而是把它當作政治上的晴雨表或減壓閥門。社會上一般也沒有把非暴力鬥爭看作是改革社會的重要武器，更沒有當作最強大和最有效力的武器。

　　由於這一時期自發的或較有組織的非暴力鬥爭爲數衆多，出版界對此也缺乏有系統的整理，這裡只挑選少數實例，作爲鳥瞰一般的參考。

　　1.1765～1775年間北美爭取獨立的群衆運動：北美獨立戰爭與緊接著的法國大革命，都是影響世界進程的偉大的民主革命運動。這兩場革命都曾以某種群衆非暴力鬥爭爲前奏，並且最後都是以暴力衝突和戰爭解決問題的。但是在北美，獨立以前的北美十三州殖民地，從1765年起，採取了許多非暴力鬥爭手段，從抗稅到拒絕執行移民官的命令，種種抵抗方式，

不一而足，並且由許多地方團體聯合起來維持地方秩序，實際上已經達到非暴力鬥爭中所謂的徹底瓦解殖民統治，建立起多個平行政權的境界。正因為有將近十年非暴力鬥爭的鍛鍊與成果，所以後來一旦戰爭爆發，十三州殖民地便能夠很快地聚集力量，打破英帝國主義的殖民枷鎖，建立起世界上第一個民主共和國。

　　2.1850年匈牙利反對奧國皇帝的鬥爭：匈牙利自從馬扎爾人於九世紀末建國以來，先後為土耳其、神聖羅馬帝國、奧地利帝國所控制，因而要求民族獨立的情緒很強烈。1848年3月，在著名詩人裴多菲（Petofi Sandor）的號召下，人民奮起反抗，提出民族獨立和實行民主的要求。奧地利被迫同意其建立民族政府，到9月又反悔而實行鎮壓，於是便激起民族解放戰爭，成立獨立政府。後來由於俄軍十餘萬入侵，鬥爭才暫時平息。

　　3.1898～1905年芬蘭的抗俄鬥爭：芬蘭人世居波羅的海及其海灣沿岸，1323年部分被瑞典所吞併，1634年完全併入瑞典王國。1809年

俄瑞之戰，瑞典戰敗後被轉讓與俄國。在帝俄統治下，芬蘭人不斷掀起反對外族壓迫、謀求民族獨立的運動。1898～1905年間，俄國內部矛盾重重，芬蘭人趁機奮起，展開了大規模的非暴力反抗運動。其後雖與俄國內部的反抗運動一樣，被政府用暴力鎮壓了下去，但人民的鬥志未泯。1917俄國發生十月社會主義革命，無力他顧，芬蘭便於是年獲得了獨立。

　　4.1905和1917年俄國革命中的非暴力鬥爭：這兩次大規模的革命，都是從非暴力鬥爭的工人罷工開始，以工人罷工爲主流，再配合以農民騷動和士兵譁變而釀成的。其中雖然摻雜以小規模的暴力行動，但基本上是以非暴力爲主體的，並沒有發生大規模兩軍對壘的戰事。在蘇聯，大規模的戰鬥與人員傷亡的事情，主要是發生在政權建立後的抗擊外國干涉、內戰和歷次政治運動之中。

　　5.1919～1922年朝鮮反對日本統治的運動：朝鮮原本是中國的屬國。日本想要侵略朝鮮和中國，蓄謀已久。1894年朝鮮發生東學黨

起義，日本便乘機發動侵華的甲午戰爭。中國戰敗，於1895年與日本訂立喪權辱國的馬關條約，除割讓台澎，賠款白銀二億兩之外，並「承認朝鮮完全自主」。

　　日本勢力滲透朝鮮已久，便於馬關條約之後的1910年正式併吞朝鮮。日本的吞併引起了舉國上下的憤恨，不斷掀起暴力和非暴力的反抗鬥爭。鬥爭於1919～1922年間達到了高潮，給日本的殖民統治造成了很大的阻礙。但由於日本軍國主義的勢力正在高漲，鬥爭終於被高壓所暫時平定。

　　與此差不多同時，被割讓的中國領土台灣，先是展開軍事鬥爭實行反抗，在弱不敵強的形勢下被擊敗後，又展開了長期的自發性非暴力鬥爭，其結果是遭受到比朝鮮更無情的鎮壓。

　　6.一次戰後德國兩次成功的非暴力鬥爭：

　　(1)1920年威瑪德國反對政變的鬥爭：威瑪德國這次使用非暴力手段，擊敗了幾乎成功的大規模政變。這給予非暴力鬥爭運動很大的啟

示和鼓舞。

　　戰敗後新建立的德意志威瑪共和國，政治及經濟上危機重重。野心家沃爾夫岡‧卡普博士（Dr. Wolfgang Kapp）和沃特‧馮‧路特維茨中將（Lieutenat-General Walter von Luttwitz）發動政變。他們又是受早些時候德國實際的獨裁者艾里奇‧魯登道夫將軍（General Frich Ludendorff）支持的。他們利用退伍軍人和一些無業市民組成所謂的「自由兵團」，於3月12日佔領柏林，宣布成立新政府並發號施令。

　　逃亡中的合法政府不肯讓權，宣布全體公民的義務是僅僅服從合法政府，下令各州政府不得與政變份子合作。

　　這時大部分軍隊保持中立以觀變，柏林工人舉行反政變罷工，社會民主黨以總統埃伯特（Ebert）及該黨部長們的名義號召舉行總罷工。於是政變者便面臨大規模的非暴力反抗運動：文職人員和穩健官長拒絕與其合作；各階層人民拒不承認其權威，不肯給予幫助；飛機

到處散發傳單號召進行抵抗。政府拒絕政變份子所提妥協的要求。政變份子雖然鎮壓甚至槍殺罷工者，也未能阻止不合作運動的繼續擴大。3月17日，卡普在柏林治安警察的要求下逃往瑞典，其黨徒作鳥獸散，路特維茨將軍辭職。一場有計劃的大規模政變，就在各界的通力合作下，用非暴力手段擊敗了。可是自由兵團在投降後撤退時，殺害了一些反對他們的市民。

(2)1923年德國反對外國壓榨的鬥爭：這是較早的由政府領導，用非暴力手段來反對外來侵略的實例。

第一次世界大戰結束之後，協約國給予作為戰敗國首腦的德國以嚴厲制裁，除割讓一定的領土外，還索取大量賠款。

1923年，法、比兩國不顧德國經濟的極端困難，派兵佔領德國的魯爾區，以索取賠款並企圖分割萊因區。

德國政府決定採取不合作政策進行抵抗。工會強烈要求：在佔領區的公務員、工人和僱主都拒絕服從法、比方面的命令，使之不能完

成任務。當法、比對不服從者進行審判時，德方又發動大規模示威；德國軍警不與之合作，工人破壞交通，拒絕採煤；店主不賣東西給外國士兵，連饑民也拒絕到佔領區去領取食物；抗議性的報紙和張貼物隨處可見。

法、比對此實行了嚴格的鎮壓：實施戒嚴，用軍事審判與嚴刑拷打乃至殺戮對付反抗者，縱容暴徒擄掠個人財富；控制報刊，實行身分證制度，在民舍和學校駐紮軍隊，並把反抗者驅往德國。

反抗與鎮壓造成了嚴重饑荒、普遍失業和通貨膨脹的困難局面，而抵抗方面的破壞、監視和暗殺活動則又部分地失去了國際同情，影響了內部的團結，使運動面臨複雜的情況。

9月26日，德國政府放棄不合作政策，但人民的痛苦未能立即緩解，卻招來了左右翼極端份子的叛亂和發生地方政變的危險。

但與此同時，法、比方面也遭到國內的強烈反對，終於不得不撤退。其後英美進行干預，制訂「道斯計劃」(Dawes Plan) 進行處理，

緩解賠款支付的壓力，並給予德國一筆貸款，於是問題便朝著有利於德國的方向圓滿解決。

二、中國古代的非暴力行動

在中國古代，由於民主思想的根基不如西方的多而且早，非暴力行動比較少見，並且隨著封建專制政體的鞏固而越來越少。但是，由於我國歷史悠久，記載翔實，因而在我國的歷史長河中，也不難找出若干頗饒興味和對後人有啓發的、與現代非暴力鬥爭很相近似的實例。這些實例也許足以說明非暴力鬥爭在中國的深厚傳統，並且有利於非暴力鬥爭今後在中國的推廣：

1.啓益王位之爭的和平解決：中國古代流行一個美好的傳說：帝王寶座一向是用世襲辦法解決的。可是到了帝堯的時候，因爲他兒子丹朱不肖，便接納四岳的建議，經過二十八年的試用，把帝位傳給了舜。舜的兒子商均也不肖，於是舜用同樣的辦法把帝位傳給了禹，形成了中國歷史上被認爲最美好的禪讓傳賢、天

下爲公的黃金時代或大同世界。

　　大禹掌權時，第一個接班人皋陶早死，繼任的接班人伯益德才不夠突出；而禹的兒子啓又有賢德，深得人望，於是就出現了王位繼承的危機。但是他們兩人沒有兵戎相見，而是互相謙讓，由人民去實行裁決。當時伯益爲了向啓表示迴避，退處於箕山之陰。這時天下的老百姓，無論是朝覲、訟獄或謳歌的，都到啓那裡去而不去伯益所在的地方。一場王位糾紛，就這樣以準公民投票的方式解決了。

　　在遠古時代，各民族領袖地位的繼承問題，雖然一般都是用世襲的辦法解決的，但偶爾也有由部落會談或某種其他形式的會議，用選舉、協商或推薦等方式加以解決的事例。這本不足希罕，也沒有甚麼值得懷疑的。但是我國有些疑古派，用後世的眼光，懷疑「貴爲天子，富有天下」的寶座，怎麼可能實行禪讓；因而又有舜囚堯，禹放舜，啓殺伯益之說。

　　我們在此無須作歷史的考證，只須認識到這美好的傳說至少流行了兩三千年，它說明我

們的祖先對於用非暴力手段解決政治糾紛，是多麼地嚮往。

2.周太王用讓步的辦法避免戰爭：相傳周朝的祖先太王（古公亶父）的部落原本居住在豳（今陝西彬縣），後來遭到北狄的侵略。太王用犬馬、珠玉、皮幣貢奉他們，依然不免於挨打。於是太王召集本部落的耆老，告訴他們說道：「狄人所想要的是我們的土地。我聽高人說過，君子絕不肯讓養活人的東西變成害人之物。我將離開這裡，你們也不用擔心找不到好的君主。」於是太王便離開豳地，遷到歧山之下定居。

豳地的老百姓計議道：「這是一個難得的仁君，絕不可失掉他！」於是像到城裡趕集，像回老家一樣跟著他走。太王的勢力從此一天天壯大，並終於建立了傳世八百年，中國歷史上最長的周王朝。

太王遷都求和的對策，當然只有在地廣人稀的上古時代才適用；但他那「君子不以其養人者害人」的偉大胸懷，是永遠值得敬佩和學

106-□□

台北市新生南路3段88號5F之6

揚智文化事業股份有限公司 收

地址：

市 鄉鎮

縣 市區

路（街） 段 巷 弄 號 樓

（請用阿拉伯數字書寫郵遞區號）

姓名：

電話：（ ） FAX：

您購買的書名：＿＿＿＿＿＿＿＿＿＿＿＿＿＿

購買書店：＿＿＿＿＿市縣＿＿＿＿＿書店

性　　別：□男　□女

婚　　姻：□已婚　□未婚

生　　日：＿＿年＿＿月＿＿日

職　　業：□①製造業　□②銷售業　□③金融業　□④資訊業
　　　　　□⑤學生　　□⑥大眾傳播　□⑦自由業　□⑧服務業
　　　　　□⑨軍警　　□⑩公　□⑪教　□⑫其他＿＿＿＿

教育程度：□①高中以下（含高中）　□②大專　□③研究所

職 位 別：□①負責人　□②高階主管　□③中級主管
　　　　　□④一般職員　□⑤專業人員

您通常以何種方式購書？

　　□①逛書店　□②劃撥郵購　□③電話訂購　□④傳真訂購
　　□⑤團體訂購　□⑥其他

對我們的建議

習的。人世間有多少本來是爲造福人類而發明
的東西，如黃色炸藥、原子能和雷射光等等，
結果都變成了害人之物！

3.厲王壓制輿論被流放：公元前九世紀，
周厲王無道，信任榮夷公等奸臣，實行苛政。
於是全國老百姓紛紛抱怨、批評和咒罵國王。
厲王不僅不聽勸阻，反而使用衛國巫師來監視
百姓。衛巫憑偵察和氣色任意殺害百姓，使得
百姓敢怒而不敢言，路上相逢只能用憤怒的目
光表示不滿。

厲王得意洋洋地告訴召公，說自己能夠制
止百姓的誹謗了。召公答以這等於是用堵塞江
河的方法去防洪，一旦決堤，危害更大。

厲王哪裡肯聽。老百姓忍無可忍，三年之
後，終於釀成民變，把厲王流放到叫彘的地方，
在那裡困居十四年後死去。這就是不聽非暴力
勸阻，實行高壓，從而激起民變的生動實例。

4.懿公好鶴激起兵變：公元前七世紀，衛
懿公喜歡養鶴，宮室廳堂之中到處都是鶴。讓
鶴吃最好的東西，外出時則讓鶴乘車，由士兵

推著行走。這種重鶴輕人的作法，引起士兵的憤恨。過不久，北方外族狄人打來了。懿公派士兵迎敵，士兵採取不合作態度，回答說：「派鶴去打吧！」然後一哄而散。這就是用非暴力手段對付昏君的典型案例，只可惜國家因此蒙受了巨大損失。

　　5.宋華元與向戌的制止戰爭條約：在我國春秋時期，有一樁值得大書特書並使中華民族引為驕傲的壯舉，那就是宋國大臣華元和向戌，為制止戰爭與謀求永久和平所締結的「弭兵之盟」；然而這一光輝史實卻似乎並沒有引起中外學術界足夠的重視。

　　春秋戰國是我國多事之秋，是戰亂頻繁、兼併激烈的時代。光是春秋時期就「弒君三十六，亡國五十二，諸侯奔走不得保其社稷者不可勝數。」到戰國竟發展到一次戰爭就可以殺死或活埋幾十萬人。

　　在春秋時期，最大的禍害是晉楚兩大國連續百餘年的爭霸之戰。當時兩大國之間的小國，其處境是：晉軍來了，投降晉軍；晉軍走

後，楚軍來興師問罪，於是又投降楚軍。就這
樣朝晉暮楚，疲於奔命，誰也無法擺脫這種狀
態。

宋共公九年（580 B.C.），宋國執政大臣華
元，與晉楚兩國執政大臣的關係都很好，於是
就倡議訂立一個「弭兵之盟」（消滅戰爭的盟
約）。由於這是一個響亮的口號，反對者必然失
去人心；加上當時晉楚兩國都有些內外交困，
想趁此喘息，於是雙方就都答應了下來。

華元使晉楚訂盟於宋東門之外。誓詞說：

> 「凡晉楚無相加戎，好惡同之。同恤
> 災危，備救凶患。若有害楚，則晉伐之。
> 在晉，楚亦如之。交贄往來，道路無壅。
> 謀其不協，而討不廷。有渝此盟，明神殛
> 之；俾墜其師，無克胙國。」

文詞和內容都美好極了，簡直就是一通制止戰
爭的和平好條約；只可惜這和平僅僅維持了三
年，就被好戰的楚國破壞了。

三十四年之後，宋平公的執政大臣向戌也

因與晉楚雙方掌權的人關係良好，便學華元一
樣，召開規模更大的弭兵大會，約請魯衛等十
四國參加。除與上回的誓詞基本相似外，並規
定晉楚平分霸權：除齊秦外，其他中小國家兩
面朝貢。

　　晉楚雙方參加，只是爲了爭取人心，毫無
放棄侵略戰爭之意。楚人甚至連開會的時候都
外穿和平服裝，內藏鎧甲，準備襲擊晉軍。只
因晉軍有備，才沒有打起來。還算不錯，這次
的和平維持了十四年之久。

　　盟約訂完後，宋平公給予向戌六十個邑的
重賞。向戌非常高興，把封賞文件拿去給宋國
名人子罕看。子罕很生氣地斥責他荒謬，說軍
事與戰爭是從古就有，用以「威不軌而昭文德」
的，絕不可缺少。弭兵將使人失去警惕。罵他
沒有因此受罰，反而求賞，眞是貪得無厭！於
是把文件砍壞扔在地上。

　　後人既欽佩子罕的遠見卓識，也欣賞向戌
的用心仁厚卻又笑他太純樸天眞。殊不知人類
的崇高理想本來就是要經過長期的實踐和挫

折，才能夠成功的。向戌弭兵以求持久和平的理想，必有在世界上完全實現的一天。

6.子產主張接受輿論監督：公元前六世紀子產當政時的鄭國，政治比較開明。當時人們常到城郊的「鄉校」去休閒並議論大臣們的好壞得失。這事惹火了一位大臣然明。他主張把鄉校毀掉。子產卻認爲鄉校是政府一面好的鏡子和老師，而主張加以保護，反對作威招怨，激起民變。從此鄭國的政治更加清明。

輿論是重要的非暴力鬥爭手段，而接受勸服則是解決衝突的理想方式，只是一般很難碰到像子產這樣開明的政治家。

7.墨子軟硬兼施制止戰爭：這是一次非常生動的用非暴力手段制止戰爭的有名實例。

春秋末期魯國巧匠公輸班替楚國建造攻城的新式武器雲梯，將用以進攻宋國。主張兼愛非攻的墨子得知後，走得鞋破腳爛，前往勸阻。公輸班和楚王都不肯罷休。墨子跟楚王說，雲梯並不起作用，不信可以演習。於是當著楚王的面，墨子解下腰帶作城，用積木作兵器，與

公輸班演習攻守之法。公輸班輸了，但卻微笑著說：「我知道怎樣贏你，但我不說。」墨子也笑著說：「我知道你想怎樣贏我，但我也不說。」楚王莫名其妙，要他們把話說清楚。

墨子說：「他是想請求您把我殺了。可是這並不管用。我的學生禽滑離等已帶著大批徒眾和工具到宋國幫助作禦敵的準備工作去了。」楚王在墨子勸說與威懾下，只好罷兵。

有諷刺意味的是，據說墨子返回時路過宋國，在一家人廊下躲雨但卻遭到拒絕。

8.明清的工人罷工運動：中國早期的非暴力鬥爭，只有在秦統一之前才較多，往後就長期被封建專制所扼殺。但是到了明清兩代，由於經濟的發展，人民與政府、工人與資本家的矛盾加劇，就爆發了與現代基本相似的非暴力運動，並曾舉行過「齊行叫歇」（同行總罷工），有時參加者盈萬，成群結隊，引起當局的恐慌。這些運動多由各種行會組織領導，其事跡散見於各種地方志。這裡僅舉數例：

(1)明萬曆十九年（1591），貪官對蘇州紡織

業濫派捐稅，造成作坊關門，工人失業。兩千餘工人在葛賢、錢大等人領導下罷工罷市，遊行示威，並引發暴力事件，影響甚大。後經派官兵鎮壓，葛賢等自首；但在群眾壓力下，終獲釋放。

(2)萬曆三十一年（1603），景德鎮瓷器工人，為抗議苛捐雜稅，一萬多工人和冤民集會示威抗議，並焚燒御器廠。後經官府曉喻才散。

(3)萬曆三十年（1602），門頭溝大批煤礦工人，為抗議宦官濫加商稅，進城抗議遊行，填街塞巷，使朝廷大為震驚，只得下令撤換宦官王朝。

(4)清末四川等地發生大規模鐵路風潮，並發展成暴亂和起義，直接促進了清王朝的覆滅，這是人們所非常熟悉的近代歷史事件，這裡且不詳述。

9.其他類似事件：中國歷史上還有許多帶政治性的活動與非暴力行動相似，如漢唐的對外和親政策，歷代朝廷諫官的設置，為民請命的請願活動，以及人民上書言事等。

　　上書言事是中國所特別盛行並具有長期傳
統的一種很好的非暴力行動。早在春秋戰國時
期，有許多重大政治問題，都是用上書的方式
解決的。李斯的「諫逐客書」是千古膾炙人口
的名篇；王安石的萬言書導致了北宋的變法運
動；清末康有為的多次上書，特別是由一千三
百餘名士子簽名的公車上書，簡直就是一次大
規模的學生運動，這些上書促進了戊戌維新變
法。直到1989年天安門事件時，學生代表還頭
頂請願書，長跪在人大會堂門口，希望當權者
能夠採納，就是這一傳統的再現。

三、中國近代的非暴力鬥爭 (1919～1949)

　　由於西方文化在中國的傳播，這一階段的
非暴力運動，具有明顯的西方近代群眾運動的
色彩，並且大大地影響了中國的政局。在此期
間大小運動繁多，這裡僅列舉若干有重大影響
的著名群眾運動作為典型案例。

　　1.震撼全國的五四運動：這是發生在1919
年的、中國非暴力運動史上最有名的劃時代的

群眾運動。其起因與經過是：鴉片戰爭使中華民族受盡屈辱，人民對此忍無可忍。辛亥革命不久，竊國大盜袁世凱為了實現其稱帝野心，竟接受日本所提等於滅亡中國的「二十一條」要求。袁垮台後，段祺瑞政府為達到其向日本借款的目的，又對此加以追認，遂致1919年在巴黎和會上，中國以戰勝國的身分，不但不能收回德國所佔山東的權益，並趁此廢除不平等條約；卻反而蒙受屈辱，被迫允許日本繼承德國在山東的權益。消息傳來，舉國震驚，群情憤慨，暴發了以北京為中心的五四運動。

中國代表在和會上受辱的消息傳到國內後，北京大學學生於5月3日徹夜開會，決定次日聯合各校在天安門遊行示威，並照會各國使館，以示抗議。

5月4日，北大、清華等校學生三十餘人到達天安門前，高呼：外抗強權，內除國賊，取消二十一條等口號，不顧軍警等的阻撓，遊行至東交民巷，然後轉往接受二十一條的外次曹汝霖住宅，與軍警發生衝突，有人並放火焚燒

曹宅。學生被捕者三十二人，另有一人被毆致
死。

　　從這天開始，在北京及全國各地便展開了
一系列反帝和反賣國政府的群眾運動，上海、
天津、濟南、武漢等地都舉行了大規模的遊行
請願並實行罷工罷市。海外留學生和僑胞也積
極響應。鬥爭持續近兩個月。其後北京政府迫
於群眾的壓力，乃釋放被捕學生，罷免曹、章、
陸三人職務，中國出席巴黎和會的代表也拒絕
簽字。運動取得圓滿成功，於是學生便在7月22
日宣布復課。

　　五四運動喚醒了國人的愛國主義的意識，
並宣示了群眾運動的偉大威力。

　　當時的有志之士，爲了徹底救亡，展開了
向西方學習，以全面改造中國的新文化運動，
主張把西方的德先生（Democracy）和賽先生
（Science）請進來，以改造因封建愚昧而落後
的中國。除了提倡科學與民主之外，他們還提
倡新思想、新道德、新文學，主張使用「白話
文」以代替艱難的文言文。他們還競相引進西

方的種種治國學說，如資本主義、無政府主義、
馬列主義等等。這些主義對以後中國的政治局
面，產生了極為深刻的影響。

　　2.抗戰前後的非暴力鬥爭：五四運動本是
以日本為主要目標的反帝運動。此後日本繼續
瘋狂侵略中國，直至發動蘆溝橋事變和引發了
八年抗戰。在此期間，為了抵抗日本侵略者，
曾先後發生許多反抗日本的群眾運動，其中影
響較大者計有：

　　(1)福州事件：1919年11月，福州市民因受
五四運動影響，實行抵制日貨。日本領事便發
動日僑及無賴製造暴力事件，引起罷課罷市和
廣泛抗議。後經交涉，日本雖表示道歉，並略
加賠償，但中國也對排斥日貨表示歉意。

　　(2)長沙六一慘案：1923年長沙人民組織
「湖南外交後援會」，在湘江碼頭檢查日貨，日
本水兵開槍打死群眾二人，傷數十人，引起罷
工罷課，數萬人抬屍遊行。當局不僅不予支持，
反而實行鎮壓。

　　(3)五卅慘案：1925年5月30日，上海工人為

抗議日本暴行，遭英國巡捕開槍射擊，死傷數十人。慘案激起上海二十餘萬人的總罷工，五萬餘學生的總罷課，全國近五十個城市積極響應，前後歷時將近兩年。帝國主義迫於全國群眾的壓力，不得不作某些讓步。

　　作為五卅運動的直接後果，是1925年6月23日的廣州沙基慘案以及1925年6月開始的省港大罷工；此次罷工堅持長達一年半之久。

　　(4)三一八慘案：1926年當發生馮玉祥與張作霖之間的軍閥混戰時，日本助張，並趁機聯合英美等國提出撤除大沽口防禦等無理要求，引起北京學生五千餘人的抗議與遊行請願。段祺瑞政府竟下令開槍，結果打死學生與群眾四十七人，傷一百五十餘人，為震驚中外的大慘案。

　　(5)收回租界運動：從1926年起，隨著北伐軍隊的勝利前進，有關城市的人民以群眾運動的方式，協助政府先後收回漢口、九江、鎮江等地的外國租界，大長了中國人民的志氣。

　　(6)一二九運動：這是日本侵華期間，由左

派領導的最有名的群眾運動。日本於1932年成
立偽滿洲國之後，進一步向華北進攻，佔領熱
河，進逼天津，並積極策動華北獨立。亡國滅
種的慘禍迫在眉捷。北京學生激於愛國熱情，
於1935年12月29日舉行大規模遊行示威，參加
者計有廿二所學校六千餘人，高呼：「打倒日
本帝國主義、停止內戰、一致對外」等口號。
遊行隊伍遭到當局鎮壓，於是引發全國一系列
的遊行示威，掀起了新的抗日高潮，並促進了
國共兩黨為抗日而重新合作。這次運動培養了
大批抗日幹部。

　　3.內戰時期中共有組織的學生運動：1945
年日本投降後，立即引發了國共兩黨為爭奪地
盤的衝突與內戰。這期間由於共產黨嚴密地下
組織的領導和巧妙的政治宣傳，以及國民黨的
嚴重腐敗和應對無方，在全國爆發了規模空前
的，有計劃、有組織、有領導的反內戰，反國
民黨的群眾運動，其中最有名的是：

　　(1)昆明一二一慘案：內戰引起學生的憤
恨，於是激烈的抗議活動首先在國民黨難以控

制、民主氣氛較濃的昆明市發生。

　　1945年11月，昆明市西南聯大等四所高校
共同舉行反對內戰、呼籲和平的新年晚會。晚
會雖然情緒左傾，但國民黨當局不是從政治上
抵禦和反擊，而是採取下令禁止和派特務干擾
破壞的措施，因而更加激起公憤。昆明市三十
四所大中學校相繼罷課，要求懲凶與保障人身
自由。

　　12月1日，國民黨指派特務與軍人到各校毆
打學生及教師，先後打死及炸死學生和中學教
師四人，重傷二十五人，輕傷三十餘人，在全
國引起激烈反應。這是內戰中反蔣學運的第一
個重要回合。

　　此後曾產生重大政治影響的學運還有：

　　(2)重慶一二五擁護政協大遊行：內戰激起
全國人民的不滿，兩黨被迫於1946年1月10日在
重慶召開由各民主黨派和知名無黨派人士參加
的政治協商會議。於是重慶學生以中央大學為
主，發動了一次規模宏大的示威遊行，主要口
號是：政治協商會議只許成功、不許失敗，反

對內戰，要求和平民主，和組織聯合政府等。情緒雖較左傾，但無明顯反政府傾向，然而當局仍然對運動採取了壓抑的措施，激起學生反感。

不久國民黨實行反擊，以抗議蘇軍蹂躪東北、國民黨接收人員被殺害，以及在雅爾達會議上中國被出賣等情節為事由，發動同等規模的反蘇反共遊行。這是國民黨所組織的唯一一次政治上的有力反擊。此後即醉心於武力鎮壓，激起更大的不滿；加上政治上國事日非，遂致後方學潮此起彼落，人心惶惶，並發展成眾叛親離，呈現出一派氣數已盡的狀態。所以下述1947年五二運動以後，毛澤東興高采烈地把當時的學生運動比作在國民黨統治區開闢了第二條戰線。於此可以看出非暴力行動的巨大威力。

(3)反對美軍強姦沈崇事件：1946年11月24日，北大預科學生沈崇被美軍強姦，這是最易激起學生反感的事件；於是引發了波及全國、持續三個月之久的反對美軍暴行的學潮，並把

這一問題與反對美軍的其他暴行，以及美國插手中國內戰聯繫在一起，給予當局以沉重打擊。

(4)震驚中外的五二〇運動：一般資料對於這一運動的報導不盡準確。

運動於1947年發生在當時的政治中心南京，由國民黨有關當局不肯隨物價上漲而調整學生伙食費所引起。平時比較保守的中大教授會也因忍無可忍，於此時提出增加教育經費的要求。於是中央大學、金陵大學等各校學生多次輪番向政府舉行遊行情願，要求增加伙食費，不得要領。各校便決定於5月20日，即國民參政會開幕之日，向政府聯合遊行情願；滬、杭、蘇州乃至江西、河南等地，都派有學生代表參加。

當局為此於5月18日頒布「維持社會秩序臨時辦法」，企圖阻止，並出動大批軍警特務，進行嚴厲鎮壓。但學生卻突出重圍，冒死上街遊行。行經珠江路口時，與軍警發生衝突，重傷十九人，輕傷一〇四人，被毆者五百餘人，被

捕二十八人，造成震驚中外的五二〇血案，並在全國引起此起彼伏的連鎖反應。當局從此便深深陷入不滿群眾的包圍之中，難以應付。

平津當日也有遊行。天津學生並曾與軍警發生衝突，傷數十人。

在五二〇當天，北京並未發生血案。報刊及早期毛選注釋，以為慘案發生在北京，或起因為上海工人學生包圍警察局事件，均與事實不符，有當時報刊可考。

此後由於當局採取嚴厲鎮壓政策，學生則改為使用分散的游擊式戰略戰術——罷課與遊行示威，以突然出擊方式，隨時發生，使當局無從應付，此種狀態延續至大陸完全易色時為止。

考察三年內戰時期的非暴力群眾運動，其所以有聲有色，影響巨大，首先是由於執政當局國事日非，對群眾運動處置失當，引起群眾的不滿；而共產黨的宣傳技巧又十分靈活生動，終於使得學生對國民黨由不滿發展成為失望和憤恨。再加上歷次運動都是在地下黨的領

導下，有計劃有組織地進行的，並且在運動中
培養出了大批從事學運的能手，因而就能充分
發揮作用。這些都是值得當代非暴力鬥爭吸取
的良好經驗。

第二節　有領導的非暴力鬥爭
──從甘地到二次大
戰後非暴力運動的迅
速發展

　　就世界範圍說，非暴力鬥爭以由甘地所領
導的印度獨立運動為發展的里程碑。由於印度
以一個長期被佔領的弱國，居然透過非暴力鬥
爭於二次大戰後取得了勝利，這就引起了各
國、特別是被壓迫國家的重視，改變了人們對
非暴力鬥爭的看法。加上經過長期的反法西斯
戰爭，各民族有了新的覺醒；反對壓迫、要求
獨立的情緒高漲。於是透過非暴力鬥爭，先後
產生了一系列的獨立國家。另一些國家則因借
助於非暴力鬥爭而擺脫了他國的控制。其經過

可歌可泣，可以寫成感人的巨著。為節省篇幅計，這裡僅挑選幾個有代表性的案例加以陳述。

一、甘地及其非暴力不合作運動

甘地（Mohandas　K.　Gandhi,　1869～1948），印度民族運動領袖。早年赴英國學習法律，但他沒有因此成為親英派，而是逐漸覺醒了他作為印度人的良知，為祖國的獨立而奮鬥終身。

甘地從英國回來後，到南非去謀生。在那裡受到種族歧視和侮辱，便從事反種族歧視的鬥爭，並創立國大黨。他為抗拒南非政府的侮辱性法律，曾受處罰；並領導成千上萬的印度僑民勇敢地罷工、坐牢乃至被槍殺而不屈服。甘地把這種體驗跟他所受托爾斯泰、梭羅等人的影響聯繫起來，悟出用非暴力手段，堅持真理以與政府鬥爭的理論和策略。對於印度內部，他主張各教派團結合作，尊重婦女，反對種姓歧視。

　　甘地從南非回印度後，經過一段時間的觀察，於1919年為了反對英國的嚴酷法律，發動非暴力不合作運動（Styagraha）：抵制英貨，不與英國的機關學校合作；並改組國大黨。他因此成為全印度著名的政治領袖。

　　甘地於1922年被捕入獄，判刑六年。往後他動員大批群眾，為進行反抗而高高興興地入獄。1930年為抗鹽稅，入獄者竟多至六十萬人。甘地為說服其追隨者，作了許多精彩的講演，發表有關文章和著作。這些言論後來成為非暴力運動的經典著作。

　　為了採取不合作的非暴力行動，他們曾付出難以想像的代價。例如1930年，在英國人當場把人毆打至死的情況下，群眾也不肯撤出他們所佔領的達拉撒拉（Dharasana）鹽站。又如1924年在維科姆（Vykom）地方，甘地的追隨者們替「不可接觸的賤民」爭取在一所婆羅門寺廟前過路的權利而遭到鎮壓。於是全國的支持者前來聲援和祈禱。他們與警察對峙，歷經炎熱的旱季和雨季，有時站立在齊腰深的水

中也不動搖，終於獲得勝利。

　　甘地及其他國大黨領導人曾於二次大戰時（1942年）再度被捕。但是他們所領導的不合作運動，使得英帝國主義者為了維持其在印度的統治地位所花掉的費用，大大超過了從印度的搜刮所得，因而就不得不放棄這個燙手的山芋和這場賠本的買賣。英國工黨執政後，於1947年8月，允許印度成為自治領。不幸甘地本人竟於1948年，被印度教極右派份子所刺死，然而這並無損於印度和世界人民對他的尊敬。印度人民稱他為聖雄（Mahatma），視如國父。全世界人民把他看作愛國主義、反種族歧視和非暴力運動的偉大政治家。

　　甘地的不合作運動在印度的成功，引起了世界人民的注意，使全世界的非暴力鬥爭進入了一個嶄新的階段。

二、五〇年代東歐等國爭取民主與獨立的鬥爭

　　1.鐵幕被揭開和共產陣營的走向崩潰：二次大戰後之所以有冷戰困擾著全世界，其原因

在於兩大陣營的對立。兩大陣營中又以共產陣營最富挑釁性，因為它擁有由極權政治形成的各國牢固的內部統治機器和鐵板一樣的國際陣營，並且公開宣布以赤化全世界為最終目的。資本主義陣營則無時無刻不力圖包圍、抑制、分裂和顛覆共產主義陣營。

　　然而正如歷史上所常有的那樣，貌似強大的統治可以很迅速地毀於一旦。併吞六國之前和陳吳起義之後的秦朝就是一例。

　　共產陣營的衰落是從殘忍的獨裁者史達林1953年3月5日逝世後開始的，而以1956年蘇共二十大赫魯雪夫秘密報告的發表，成為一系列山崩地裂的訊號。從此各社會主義國家以不同的方式和速度，朝著所謂修正主義或開放改革的道路上迅跑。值得注意的是這種偉大的轉變，幾乎全都是透過非暴力鬥爭實現的。

　　2.1953年東德的群眾抗議：史達林從狹隘的民族主義出發，以東歐諸國為附庸，在領土劃分與外貿關係等各個方面壓迫這些國家，早已引起各國的不滿，希望驅逐蘇聯侵略勢力，

爭取民族獨立，卻爲此遭到蘇軍及其在本國代
理人無情的鎭壓。

　　1953年7月17日即史達林死後才四個多
月，東德人民便展開了大規模的抗議和示威活
動。當蘇軍用坦克驅散示威群眾時，數以萬計
的示威者靜坐在馬路上以堵塞道路。哈雷市
（Halle）的場面尤爲激烈：蘇軍坦克在街上
巡行，人民警察向天鳴槍警告，但是仍然有六
至八萬人在該市商業廣場舉行了反對政府投靠
蘇聯的群眾集會。這是衛星國家反對蘇聯的第
一槍。由於當時的親蘇政府防範周密，運動很
快就被平息，外界對此知道不多。

　　3.波蘭事件：1956年當赫魯雪夫反史達林
的秘密報告在西方報刊上公開發表之後，政壇
上立即掀起了震撼世界的滔天大波。戰後世界
的根本改變就是從這裡開始的。共產集團國家
的領導人像多米諾骨牌一樣相繼倒台，其他國
家與地區的共產黨也搖搖欲墜。其中以波蘭和
匈牙利鬧得最爲激烈，所以通稱波匈事件。

　　1956年夏季，波蘭各地爲反對個人崇拜，

反對投靠蘇聯,反對官僚主義,要求改善生活,不時發生騷動。6月28日波茲南 (Boznan) 地區五萬工人上街,要求麵包與自由,隨即發生騷動。當局立即出動軍隊鎮壓;死五十三人,傷二百餘人。同年10月領導班子因此改換,由哥穆爾卡 (Wladyslaw Gomulka) 當政。史稱波茲南事件或騷亂。

到1970～71年間,波蘭又因改革不徹底而發生大規模騷動。此後各種形式的非暴力行動不斷發生;到1980年發展成為有組織的反抗,這就是由華勒沙 (Lech Walcsa) 所創建的獨立的團結工聯 (Salidarity) 所領導的反抗運動。團結工聯終於在下一個浪潮中,首先推翻了共產黨的鐵統江山。所以有人給他的評價是「共產黨的第一號剋星」。

4.1956年的匈牙利事件:與波蘭一樣,匈牙利也於同一時期,掀起了大規模的非暴力抗議活動,並且愈演愈烈,到1956年10月23日,抗議的群眾佔領了首都布達佩斯,成立以因堅持改革而曾於1955年被免職的前部長會議主席

納吉（Nagy Imre）為總理的聯合政府。在這
一過程中曾發生一些暴亂。蘇軍坦克開進布達
佩斯，成立其卵翼下的「工農革命政府」，並誘
捕已逃進使館的納吉加以處決，直到1989年以
後才替他平反。

　　5.1968～69年的蘇軍侵佔捷克斯洛伐克事
件：1956年以來，捷克斯洛伐克也和其他東歐
社會主義國家一樣，不斷發生非暴力群眾運
動，以敦促政府進行改革。到1968年1月，比較
開明的杜布切克（Alexander Dubcek）掌權
後，實行較快的自由化，並力求擺脫蘇聯的控
制。蘇聯惟恐發生連鎖反應，從而失去對東歐
的控制，於是悍然派出五十萬華沙公約組織的
軍隊，閃電式佔領捷克斯洛伐克。原以為可以
很快使之屈服，建立起一個傀儡政權，然後迅
速撤退。沒想到入侵軍隊立即陷入了人民群眾
非暴力鬥爭的汪洋大海之中：通訊社拒絕替佔
領軍發布訊息，地下電台號召進行和平抵抗並
廣播有關抵抗運動的消息，警告人們不要通敵
合作；政府官員譴責入侵，要求釋放被綁架的

政府領袖；工人阻撓交通運輸等工作的進行。佔領軍因此士氣非常低落，以致須在最短期間加以替換。後來只是由於領導人的妥協，這才給予蘇聯下台的階梯。蘇聯的原定計劃被非暴力鬥爭推遲了八個月之久，並且不得不在保留改革成果方面作出某些讓步。這說明非暴力鬥爭的力量是多麼的強大！

　　6.1957年的大陸整風與反右：五〇年代中後期的反個人崇拜、反獨裁的颱風，當然也刮上了中國大陸。毛澤東1957年在提到這股政治旋風時，故作鎮靜地說這是「風乍起，吹皺一池春水。」而實際情況是：狂飆起，吹亂中國政壇一池死水。在1956年的中共第八次代表大會上，代表們就曾經為中國有沒有個人崇拜的問題疑問重重。劉少奇為了替毛滅火，在其政治報告前幾稿中，大力說明在中國共黨內沒有個人崇拜，並用毛的種種所謂謙虛言行作證明。而在代表們被說服之後，又在定稿中不再提及此事，以免作此地無銀三百兩的蠢事。

　　動盪的國際局勢，使中共決定整風，以便

用「犧牲車馬保將帥」的傳統老辦法，讓下面的黨員檢討檢討以消除國內怨氣。於是就開始了全國的整風運動，反覆動員，要大家提出批評意見。沒想到後來意見越提越尖銳，許多上層民主人士的意見並且直指毛澤東本人。

被東歐波匈事件嚇破了膽，一向膽怯多疑而又不許人家披逆鱗的毛澤東，於是就在因群眾批評而惱羞成怒的下屬書記們的包圍之下，一夜之間翻臉不認人，展開了所謂的反右運動，打出右派五、六十萬。其中許多年輕的大學生真是：壯年戴帽勞改，皓首狼狽而歸；窮愁終身，連老婆也找不到。右派們直到今天還沒有徹底平反，沒有發還所扣工資和賠償名譽與精神損失。

反右鬥爭所造成的損失是不可估量的。它使中國從此萬馬齊喑，做出大躍進之類的蠢事；它使中共喪失人心，特別是大大喪失了中國知識份子的心，並使中共從此走上迅速衰敗的道路。

由此可見，反右鬥爭既非陰謀，也非陽謀；

而是毛澤東膽怯多疑、不能容物、食言而肥和
朝令夕改的品格的最完整體現。

　　由此可見，非暴力行動的力量非常強大，
它能使相當精明而且強悍的中共領導嚇得發
昏。

三、其他國家的非暴力鬥爭

　　這一階段成果卓著的非暴力鬥爭是東起西
應，美不勝收的。為節省篇幅計，這裡只略加
提及，而不作詳細介紹。值得提出的計有：

　　1.二次大戰期間，許多國家特別是小國，在
法西斯殘暴的鐵蹄下，使用非暴力手段，取得
了非常難能可貴的成就。例如荷蘭人民用地下
出版物，用鐵路工人罷工；丹麥工人用總罷工
等手段，反抗德國統治。挪威人民用不合作手
段反對吉斯林偽政權。法國、義大利、波蘭、
保加利亞人民，在極艱苦的條件下保護猶太
人，使免遭德國法西斯的殺害，這些鬥爭解除
了在專制暴政下能否展開非暴力鬥爭的疑慮。

　　2.1944年，薩爾瓦多和瓜地馬拉人民，幾乎

是在相同時期，用非暴力手段把軍事獨裁者趕
下了台。

　　3.二十世紀五、六〇年代，北美殖民地展開
了持續的爭取真正民主，爭取公民權的鬥爭。
這場鬥爭導致了非暴力民主鬥士馬丁・路德・
金被刺殺的悲劇。

　　4.1961年，法國政府在全國人民大規模非
暴力鬥爭的支持下，迅速粉碎了駐阿爾及利亞
軍人所發動的政變。

　　5.1963、1966年，南越和尚與佛教徒舉行了
大規模的反政府的非暴力鬥爭，贏得了國內外
的廣泛同情並取得了影響國家政局的重大成
果。

　　6.七、八〇年代，前蘇聯掀起了爭取民權、
反對種族歧視的鬥爭，使大批猶太人得以移民
以色列、美國等地。

　　7.1978年伊朗人民透過非暴力鬥爭，趕走
了國王，建立了共和國。

　　此外，在七、八〇年代，在巴西、玻利維
亞、墨西哥、巴拿馬、海地、南非、南韓、菲

律賓、印度、緬甸、巴基斯坦、以色列、新喀
里多尼亞等地，都曾經出現比較成功的非暴力
鬥爭。

第三節　八、九〇年代的新高
　　　　漲

　　從世界範圍說，非暴力鬥爭是在迅速發
展：事件一天比一天多，手段一天比一天巧，
成果一天比一天大。對於當前各地的非暴力鬥
爭，我們已經無力逐一記述了。

　　本階段最值得大書特書的是中國大陸天安
門事件和蘇、歐諸國因非暴力鬥爭所引起的世
界性的大震盪。東西方的這種政治動盪是互相
影響，互為因果的。這動盪結束了困擾人類幾
十年的冷戰，使國際關係呈現出一種正在塑造
中的新形式。今後矛盾、鬥爭、困擾當然仍舊
會有的，但肯定不會是冷戰期間那種大戰烏雲
繚繞，世界存亡難卜的局面了。

　　這一階段發生的事情，猶如就在昨天，人

們記憶猶新，因而只撮其要旨，而不作詳細的
記述。

一、天安門慘案及其後果

　　1989年的天安門大慘案，是一件本來可以
而且不難避免的震驚世界的悲劇。對這一悲劇
的剖析，應該從社會主義國家的非暴力運動談
起。

　　有人以為在極度嚴厲統治之下的國家是不
可能有非暴力反抗活動的。這是一種錯覺。非
暴力鬥爭即使在抗日時期的延安也都發生過。
中共進城以後，特別是「文化大革命」以後，
頻率愈來愈高，規模愈來愈大。這本是社會生
活中必然要出現的正常現象，各民主國家一向
等閒視之。只可惜各社會主義國家因為要搞粉
飾性的所謂全國上下空前一致的團結，因而視
非暴力運動為反動乃至暴亂，不惜全力鎮壓；
再加上力求把鬧事苗頭消滅在搖籃裡的策略和
力求不作公開報導，外界因此很少知道實情。

　　天安門學運的起因和內容都很平常，它只

不過是前此上山下鄉知青和受冤假錯案迫害群
眾的上訪請願，西單牆的要求民主與改革，和
1986年全國學生反貪污、反官倒、反對物價上
漲，以及反對官僚主義、要求民主的學運的繼
續。早在1986年，當局就已指示要使用一切手
段鎮壓，即使流血也在所不惜，只是後來學生
收兵得早，才逃過了一場大難。

　　像這樣一場本來很平常的學生請願事件，
後來之所以鬧得規模空前，是有其種種偶然因
素的：

　　首先，1989年是一個不平凡的一年，這一
年是五四學生運動七十周年、法國大革命二百
周年、世界人權宣言發表四十周年、魏京生入
獄十周年。這一切，在在都足以喚起學生的愛
國熱情與爭取民主的衝動。

　　其次，胡耀邦之猝死，給予學生以公開發
洩其不滿的良好機會。中國人民特別是對政治
敏感的學生，對於當時改革中的許多問題特別
是政治改革滯後，和胡耀邦等開明人士的下
台，不滿已久；而聲東擊西，指桑罵槐，藉弔

死人批活人，又是在政治壓力下中國群眾所慣用的手段。1975年清明節的第一次天安門事件，就是藉懷念周恩來以貶低和批判四人幫及其後台的。

再次，當局畏學生如虎的種種不合理措施，特別是北京日報4月26日社論，指斥學運爲暴亂，深深激怒了學生，以致釀成大批學生進駐天安門廣場乃至集體絕食的壯舉。

最後，一系列的特殊國際活動，使當局不能及早動手處置；而一部分學生及其同情者卻錯誤估計了形勢，以爲自己力量強大，政府難奈我何，從而愈來愈起勁。這些國際活動是：亞銀會期間不好當著各國特別是台灣的高級長官開槍，緊接著戈巴契夫訪華更不是動手的時候；而攜帶有各種先進通訊器材的各國記者雲集，也很妨礙當局及早清場。就這樣，運動的規模愈來愈大，形成全北京、全中國乃至全世界都把目光集中在北京的緊張局面。

天安門前學生所提基本要求是合理的，代表了全中國人的呼聲；運動規模是空前的，連

香港在內，超過百萬人的大遊行有四次之多；
幾萬到幾十萬人的遊行則難以數計，幾乎天天
都有。台灣百萬學生冒雨組成由台北至高雄的
人鏈以表示支持。運動期間，現場秩序是相當
良好的，不僅學生堅持絕對的非暴力原則；遊
行時隊伍整齊，嚴防不明身分的人混入鬧事；
路口有人自動充當指揮，維持交通秩序；就連
流氓小偷也因受學生愛國主義的感召而一時斂
跡。個別地方雖然曾發生暴力事件，但那是軍
警與支持學生的市民之間的衝突，並不足以改
變這次學運的非暴力性質。

　　由此可見，在這場運動當中，如果學生懂
得策略，在適當時候撤退；或者領導人胸懷廣
闊一些，能夠容物並善於因勢利導，這場運動
是不難以和平方式解決的。

　　可嘆的是，執政當局缺乏廣闊的胸懷，而
容易被一種流行已久的邏輯所誤導，那就是：
誰要是敢把矛頭對準某些人，誰就是在進行暴
亂，再有理、再有秩序也是暴亂，甚至是殺無
赦的反革命；至於領導人，他就是黨，就是革

命，就是國家；而且領袖是一貫正確的。大躍進搞死了兩三千萬人，也仍然要維護三面紅旗，從不見作過下詔罪己的檢討。這種政治氣候就決定了一定會用武力對天安門廣場加以清掃。

天安門事件的意義和影響是極其深遠的，至少應該看到以下幾點：

首先，它使中共幾十年在國內所積累的最寶貴的政治資本遭受到了極大的損失，並為此受到全世界的譴責和制裁。今後即使竭盡全力來彌補，也難以撫平這深深的傷痕。

其次，它重塑了中國人的形象，鼓舞了國內外人民的鬥志，感謝國外各大媒體的生動傳播，天安門前學生的英勇鬥爭和北京市民特別是父老的無私支援，為全世界所目睹，使多少人在電視機旁流下熱淚。人們認識到廣大的中國人民絕不是只知謀求衣食的愚夫愚婦，而是熱愛國家和民主自由的鬥士。

第三，宣告了非暴力鬥爭的無比威力。一向桀驁不馴的中共領導，在韓戰越戰的年代，

在與前蘇聯兵戎相見的時刻，不曾慌亂過；惟獨在群眾運動、特別是學生運動面前，手足失措，惶惶不可終日。對蘇、歐因非暴力鬥爭所引起的巨變尤其害怕，以致失去了化解矛盾的氣魄。

第四，推動了蘇、歐民主運動的發展和冷戰的結束。中國大陸與蘇、歐的民主運動是互相影響、互相促進的。天安門學運高漲時，激發了蘇、歐各國民主運動的活躍；而當天安門前的慘案引起全世界的激烈反應時，又使得東歐少數想用武力鎮壓的統治者不敢動手；個別人物如羅馬尼亞的齊奧塞斯庫夫婦想採取鎮壓方式，也為此付出了生命的代價。所以有人說，天安門所開的花，是在蘇、歐結果的。

天安門慘案終於發生了。但如果學生及其領導人懂得一些非暴力鬥爭的知識和理論，在適當的時候光榮撤退；或者政府方面對非暴力運動有所了解，氣量寬宏，善於化解矛盾，情況將會是另一個樣子。

二、蘇、歐各國的大轉變和冷戰的結束

　　蘇、歐各國的大轉變不是某一次運動的功績，而是史達林死後三十多年來不斷鬥爭的結果。這些鬥爭可歌可泣，並且主要是非暴力鬥爭，雖然偶爾也曾激起過流血衝突。由於國內國際多種因素的影響，這鬥爭到八、九〇年代日漸高漲並終於在八〇年代末、九〇年代初，也就是天安門慘案前後，結下了有益於全人類的豐碩成果。

　　首先，戈巴契夫的崛起及其對東歐保守勢力的抑制，大大促進了這種轉變。是由於他的默許，波蘭的團結工聯才得以掌權。這是共產黨政權第一次落在非共產黨人之手，其影響是極為深遠的。緊接著而來的就是民主化浪潮橫掃東歐：9月份湧入匈牙利，10月份到達東德，11月份衝進捷克斯洛伐克和保加利亞，12月份掃蕩羅馬尼亞。

　　其次，葉爾欽為了架空戈巴契夫，奪取權力，使用了解散蘇聯的絕招，於是從根本上消

除了冷戰中兩大陣營對抗的局面。從此之後，前共產主義集團各國更是猶如脫韁之馬，各自按自己的方式向自由化的改革路上迅跑。到如今，除朝不保夕的北韓而外，已經再也找不出五〇年代以前的那種正宗的所謂社會主義國家了。有些殘暴的前領導人正因其罪行先後受審，並給其他的在位者留下前車之鑑。

　　然而，必須強調指出的是，這一切都是透過強大而且持續的非暴力鬥爭完成的。是莫斯科人民群眾的支持，才粉碎了左派頑固份子的政變。是成千上萬乃至上百萬的群眾推倒了臭名遠揚的柏林圍牆，並強迫對萊比錫的特務總部進行了錄影檢查。是強大的人民群眾示威運動，才制止了羅馬尼亞保守派的屠刀。總而言之，是非暴力鬥爭，才以比較小的代價，完成了這種空前偉大的轉變。

　　可以設想，要是按當初冷戰另一方某些好戰份子的意圖，使用武力去實行這種轉變，那就將大大加強鐵幕後面的團結，這就不只是勝敗難分，而且會給人類帶來毀滅性的大災難。

非暴力鬥爭的重大作用，於此已經無須再加強調了。

第三章
非暴力鬥爭的理論框架

　　非暴力鬥爭是一種重要的社會實踐，是文明社會在追求改良和解決衝突時所應該採取的最合理的方式。而爲了鬥爭的勝利，就必須要有理論的指導，特別是由於當前非暴力鬥爭正激烈展開的發展中國家和極權國家，那裡一般都沒有結社自由，其非暴力運動常常是自生自滅，不能成長出一批成熟的領袖；倘使我們能夠對有關非暴力鬥爭的理論和常識，在書籍與報刊中廣爲宣傳，使之爲大衆所知曉，這對於指導當地的非暴力鬥爭，定能夠起很好的推動作用。不僅如此，即使是在發達的民主國家，廣大公民在參加非暴力行動時，也遠不是在理

論知識和戰略戰術上都有深刻理解的；其運動
領袖們的認識程度也有待於進一步提高。因
此，對非暴力鬥爭理論的研究，就成為發展非
暴力運動，推動社會前進的當務之急。

　　但是，由於非暴力鬥爭是一種群衆性的鬥
爭，為了最大限度地團結群衆，在一場具體的
鬥爭中，只要是同意本次運動目標的人都應該
歡迎；而不必過問他的政治信仰是資本主義、
社會主義還是其他。因此，非暴力鬥爭的理論，
雖然必定會牽涉到政治哲學，如民主、自由和
人權等問題；但它的主要研究重點是非暴力鬥
爭的合理性、可能性和鬥爭的方式方法問題。
當然，方法問題也不光是一種技巧，它跟某些
理論，特別是軍事理論是有密切的聯繫的。以
上就是非暴力鬥爭理論的基本特點，也就是
說，非暴力鬥爭理論所涉及的都是些比較實際
的問題，沒有很多政治哲學上的抽象論證。下
面僅將與非暴力鬥爭有關的若干理論，作一些
扼要的探討。

第一節　人類古代優秀文化遺產的繼承

　　在各民族古代政治思想中，有很多與非暴力鬥爭有關的高深論述。

　　人類關於應該避免使用暴力、主張採取非暴力手段解決衝突的思想是從遠古就有了的。關於應該公平合理解決問題的思想，也是很豐富的。這些思想都對我們今天的非暴力鬥爭很有幫助，是非暴力鬥爭的重要理論源泉。可以說，古代一切愛好和平、反對暴力、堅持公理正義的思想，都是當代非暴力鬥爭的活動家所應該和樂於接受的文化遺產。這種思想中外都有，只是爲了把重點放在對非暴力鬥爭的直接論述上，因而我們對於古代文化遺產中有關的言論只略加提及。

一、西方古代與中古的非暴力思想

　　早在古希臘和羅馬時代，哲學家和政治活

動家們，就有過強調社會安定，主張維持社會
正義，處事要公平合理的言論和行動。有些公
民對於政府不合理的政令，也曾經有過拒不服
從的事件發生，與後代的文明抗命（civil dis-
obedience）十分相似。用某些學者的話說，非
暴力抗議行動，幾乎與人類社會是同樣悠久
的。但是這些古人的言行還遠沒有形成系統的
理論。因而一般的非暴力理論家，還很少從古
希臘羅馬的哲人那裡作翔實的引證。

　　對當代爭取民主進步的非暴力運動有直接
啟示的，是歐洲十四～十六世紀文藝復興時期
的思想言論。他們主張擺脫宗教和封建思想的
束縛，提倡以個人為主體的人文主義。這些思
想家以人的生存和個人的幸福為根本，反對教
會的黑暗統治和封建壓迫；嚮往和平幸福的社
會，反對暴力。這一切，不僅直接支持非暴力
主義，並且還給予隨之而來的歐洲啟蒙學派重
大的啟示。他們的許多言論常常被非暴力鬥爭
的宣傳家所直接引用。其中引用最多、最膾炙
人口的是法國政論家博埃蒂（Etienne de la

Boetie）於1548年在動員平民起而反對獨裁暴君時的那一段話：

> 「那個如此虐待你們的人也只有兩隻眼睛，也不過只有兩隻手，一段身軀；並且除了你們眾多得難以數計的、城市中最渺小的人物所具有的東西之外，他是一無所有。所不同的只是享有你們所賦予他的摧毀你們的特權而已。」

博埃蒂還論證道：暴君正是從受苦的人民那裡得到他們為進行統治所需要的一切東西：合法地位、金錢、幫凶、士兵乃至與他共度良宵的許多年輕婦女……

> 「如果不給予他們任何東西，如果沒有人服從他們；於是不需要戰鬥，不需要一擊之勞，他們就將僅僅是赤條條一無所有，並且也不可能再作出甚麼壞事來。正如同當根部沒有土壤和營養時，枝葉便會枯萎和死去一樣。」

博埃蒂的這些論斷，不僅給予當代非暴力運動重大的啓發，並且還從中推演出了指導鬥爭的主要戰略戰術和根本方法。

隨之而來的歐洲、特別是法國啓蒙學派的大量系統雄辯的學說，更給予當代非暴力鬥爭充足的理論根據。天賦人權學說給人民群衆極大的鼓舞，各種民主自由、博愛平等的理論，爲運動提出了奮鬥目標。而維護社會安定，反對暴亂的主張，則爲運動指出了鬥爭的途徑和手段。

値得特別提出的是有關社會契約學說的影響。

在探討國家主權問題時，不少學者提出了自己的觀點。其中特別具有影響的是英國霍布斯（Thomas Hobbes）和法國盧梭（Jean Jacques Rousseau）有關國家起源的社會契約說。他們二人都認爲在原始社會中，人們各自爲了利害衝突而處於混戰狀態，後來爲免除痛苦，於是就互相協議，訂立契約，把各人獨立自主的權力交給某一個人，讓他治理國家。這

個人就是後來的國君。這就是國家主權的由
來。

　　人類社會由原始部落演變成為國家，曾經
有過多種不同的途徑；社會契約說只不過是一
種假定或者說一種可能，它在反對君權神授說
時曾經起過作用；但是絕對不能肯定每個國家
的起源都是如此。

　　值得注意的是，一旦君主破壞契約，暴虐
百姓時，人民應該怎麼辦？霍布斯認為這權力
當初一經交出，就永遠不能再收回。所以人民
只能在君主專制制度之下忍受或者慢慢去改良
這種制度。盧梭的意見就激烈多了。他認為當
君主破壞契約時，可以用革命的方式去推翻
他。這革命恐怕當然是暴力的。

　　當代的非暴力鬥爭理論，就是從解剖權力
著手的。但是，與前人不同的是堅決反對使用
暴力。

二、中國古代的非暴力思想

　　中華民族從古就是一個愛好和平的民族。

五千年的歷史記載中，人們對待戰爭主要是一種「戰以止戰」和「守在四夷」的態度，很難找到稱兵異域去進行殖民的宣傳。強調暴力鬥爭，強調以階級鬥爭爲綱，那只是從1919年五四運動、馬列主義傳到中國以後的事情。

　　中國古代的非暴力思想不僅內容豐富，而且論證非常精闢，其中有些與當代的非暴力思想完全吻合；只可惜西方學者對中國文化了解不深，而我們自己又發掘與宣傳不夠，未能使之發生應有的影響；並且乍一提及，頗使人驚訝，甚至容易被誤解爲把古人現代化的國粹主義。

　　中國古代與非暴力鬥爭有關的思想，可大致扼要陳述如下：

　　1.世界上最早的烏托邦與無政府主義：從以上章節的陳述中，我們不難看出，烏托邦與無政府主義，都是反對暴力的，並與當代的非暴力思想和運動有密不可分的聯繫。而中國則是世界上這兩種思想的最早發源地。這兩種思想在中國的出現，比西方莫爾的烏托邦、馬克

思的共產黨宣言要早兩千多年。《禮記》中關於
「大同」世界的描述，短短一〇七個字，其境
界之美好，遠遠超過上述西方的兩本專著。

　　至於與無政府主義相類似的思想，則有年
代頗難考定的，據說產生在唐堯時期的〈擊壤
歌〉：

　　　　日出而作，日入而息；
　　　　鑿井而飲，耕田而食。
　　　　帝力於我何有哉！

以及家喻戶曉的陶淵明的〈桃花源詩〉及其序
言似的〈桃花源記〉。

　　以上材料中所含明確的非暴力思想，是無
須另加分析的。

　　2.儒家的愛好和平的思想：儒家思想是中
國佔主導的思想。儒家思想中愛好和平、反對
暴力的成分，是比比皆是、人盡皆知的。這裡
僅舉其要旨而不多加論證。

　　儒家的核心思想是仁，仁是人道（仁者，
人也），是仁民而愛物。儒家綱紀的核心是禮，

而「禮之用，和為貴。」儒家所強調的是正義，是公平合理。其餘如恕道是「己所不欲，勿施於人。」中庸強調忍讓。以上種種思想當然都是非暴力的。

3.孟子的民本思想：孟子是儒家的一個重要派別。孔子的學說他大部分都加以繼承並且發揚光大。例如他發展了仁的內涵，認為「惻隱之心，人皆有之。」主張博愛——老吾老，以及人之老。他的反戰思想是極其犀利而且寶貴的。他認為「殺人之父者，人亦殺其父；殺人之兄者，人亦殺其兄；則是父子兄弟相殺。」他斥責「爭地以戰，殺人盈野；爭城以戰，殺人盈城；此率土地而食人肉，罪不容於死！」「故善戰者，服上刑。」在人類歷史上，這樣光輝的反戰思想是不可多得的。

更難得的是孟子的民本思想，或者萌芽中的民主思想。他提出：「民為貴，社稷次之，君為輕。……君之視臣如犬馬，則臣視君如寇仇。」他還進一步認為對惡劣的君主可以撤換，對殘暴的君主可以當作獨夫殺掉。在距今兩千

三百多年之前具有這樣開明的思想，是多麼地難能可貴！孟子還認為天下之得失在人心。

孟子的民本思想，是人類寶貴的財產，只可惜由於中國的特殊社會條件，沒有讓它及早地發揚光大起來。

4.墨子的兼愛與非攻的思想：墨子政治思想中的愛好和平與反對暴力的主張，是非常鮮明而且中外皆知的。由於上章在中國古代非暴力行動的史實中，已舉墨子為例，這裡故不贅述。

5.道家的以柔克剛思想：道家主張過小國寡民的寧靜生活，其非暴力傾向是顯而易見的。使人驚訝的是，道家以柔克剛的思想，與當代非暴力鬥爭的主要戰略思想不謀而合。道家認為：「守柔曰剛，可以柔弱勝剛強。」「天下之至柔，馳騁天下之至堅。」後人所謂百煉鋼化為繞指柔，就是這個道理。

6.兵家的止戰思想：既然是兵家，當然是以戰鬥，以使用暴力為主要任務的。使人驚異的是，中國古代的兵家居然會反對窮兵黷武，

以盡量避免使用武力為最高目標。這是一般兵書中所少見的。

　　早在春秋時期，楚國的軍事家就提出，「武字的本義（構詞法）就是制止干戈」。此後多種兵書中都有類似的思想：「聖王號兵為凶器，不得已而用之。」「百戰百勝，非善之善者；不戰而屈人之兵，善之善者也。」

　　至於中國兵法中的戰略戰術，可以借用的地方就更多。此點下章探討戰略戰術時即可知曉。

　　7.文學中的反戰思想：中國的古典文學中，反戰思想非常濃厚，留下了許多千古名篇，如漢樂府中的〈戰城南〉、曹操的〈萬里行〉、杜甫的〈三吏三別〉、李華的〈弔古戰場文〉等，可以列出一張很長的目錄。這些作品流傳廣遠，對於傳播非暴力思想起了很大的作用。

第二節　幾個有重大影響的非暴力思想家

　　當代的非暴力理論，雖然很注重從以往的文化遺產中吸收營養，但主要還是從當代或者對當代有影響的思想家那裡受到啓發和鼓舞。這樣的思想家不止一人，其中影響最大的當數托爾斯泰、梭羅和甘地。

一、托爾斯泰和他的不抵抗主義

　　托爾斯泰 (Leo N. Tolstoy, 1828～1910) 是十九世紀末二十世紀初世界馳名的文學家和傑出的思想家。他宣揚自由平等博愛和人道主義，主張解放農奴，反對戰爭，反對暴力；認爲應該用不抵抗的方式去反對和消滅罪惡。他沒有撰寫社會科學方面的著作，而是用小說等文藝作品來宣傳自己的觀點，其結果是使其觀點反而流傳更廣。甘地等老一輩的非暴力運動家便深受其影響。

二、梭羅和他的文明抗命理論

索羅 (Henry David Thoreau, 1817～ 1862) 與托爾斯泰同時代，而去世遠比後者早。他享譽比托爾斯泰晚，但卻被認為是非暴力行動真正的倡導者。

梭羅出生於美國麻省康科德鎮 (Concord)，是比較有名的超驗主義作家。他曾因沒有繳納人頭稅而被拘於縣監獄中。雖然由於一位匿名朋友代交了稅款而只被關了一夜，但是梭羅繼續抗稅，所以這場官司一直拖了四年。事情結束兩年後，他於1848年1月在康科德地方的會堂裡，向當地居民發表了一篇使他享譽西方的著名講演，題為〈論公民與政府的關係〉，替他的連續抗稅作辯護。在他死後四年出版的文集《一個在加拿大的美國佬》中，這篇講演才正式改名為〈公民的文明抗命〉（*Civil Disobedience*）。

梭羅不是政論家。他自己在其講演詞（僅一萬五千字左右）中也沒有使用過文明抗命這

個詞，他所作的是否就是後人所說的文明抗
命，連他自己也不清楚。但是他所使用的生動
而具有說服力的語言，卻深深地感動了聽眾和
讀者，使得人們認爲他是當代非暴力運動當然
的先驅者。

　　梭羅堅決反對奴隸制度和戰爭，而這就是
他所以拒絕向好戰和堅持奴隸制度的政府納稅
的根本原因。他還積極投身於解放奴隸的活
動。

　　梭羅認爲最好的政府是管事最少或者完全
不管事的政府。他認爲一切選舉都不過是遊
戲。一個公民不能是政府或法律要你作甚麼就
作甚麼，而應該根據自己的良心辦事。如果法
律要你作不公平的事，那就起而粉碎它；因此
他向政府和平地宣戰。

　　正如同歷史上所常有的那樣，有些人的觀
點或著作，在他死後或甚至在異國他鄉才引起
人們的注意。梭羅的文明抗命理論，在當時雖
然曾經引起社會一定的注意和爭論，但只是到
了二十世紀民主運動高漲的時候，才引起廣泛

的注意和討論，人們並把他當作非暴力運動最
有影響的思想家。

三、甘地和他的不合作主義

印度的聖雄甘地，是第一個憑系統的非暴
力理論指導，團結廣大群衆，從事大規模民族
革命運動，並取得輝煌成果的思想家和革命
家。他被公認爲當代非暴力運動的卓越理論家
和實踐家，推動了非暴力運動，使之迅速向前
發展。

甘地在思想上深受托爾斯泰和梭羅的影
響，反對種族歧視和民族壓迫以及一切不合
理、不平等的現象，如印度的種姓歧視與壓迫
等。但是他不主張暴力革命，認爲有嚴格鬥爭
紀律的不合作運動，完全可以而且一定能夠戰
勝壓迫者。

關於甘地，上章第二節已有論述，可參考。

第三節　當代非暴力鬥爭理論
的主要框架

前面章節的種種陳述，實際上已經對非暴力鬥爭的理論有所介紹，這裡再從思想體系的角度，作簡單的陳述。

一、關於民主、自由與人權的理論

非暴力鬥爭是一種由人民大眾聯合起來，要求改進社會，反對暴政和外國侵略的鬥爭。從第二章所舉範例以及下兩章關於鬥爭的戰略戰術和鬥爭方式方法中，可以明顯看出，它的理論和方法是只能夠由為正義、為改進社會的進步人類所使用的。反動派絕對不能夠使用它，因為他們與廣大群眾是對立的，無法動員群眾去為他們而進行罷工罷課、遊行示威等活動。

非暴力鬥爭的活動家們之所以充滿信心，是因為我們廣大人民相信當今的時代，是全世

界走向民主自由、保障人權與爭取和平幸福的時代。「不自由，毋寧死！」人民一定會團結起來，不怕犧牲，為爭取民主自由人權與持久和平而奮鬥。我們不僅深信人民必勝，而且事實上各國人民已經節節勝利，取得了空前偉大的成績。

關於究竟甚麼是民主自由與人權的問題，若淺而言之，這已是比較發達的地區家喻戶曉的常識，用不著佔篇幅去論述。若深而言之，則又問題太大，用幾本專著也難以說清楚，這裡只好知難而退。

不過有幾點意見，似乎不妨趁此提出，以供大家參考。

第一，民主自由與人權，是一種發展中的概念。文明愈進步，對民主自由與人權等等的要求也就愈高。當今各發達國家即使如歐美，在這方面也仍然有很多缺陷，所以這些國家也同樣有這樣或那樣的非暴力運動。

第二，應該大力揭露對民主自由等概念的曲解。正如同當年「革命」成為天經地義的時

髦東西之後，連最反動的傢伙也自稱是革命派
一樣；而今民主自由與人權也成了勢不可當的
時代潮流，因而一切反動派也都喜歡把自己打
扮成民主自由與人權的擁護者。史達林實行的
是無可否認的恐怖統治，但卻把蘇聯叫作社會
主義的真正的民主自由的社會，這豈不是天大
的諷刺！人權本是當代才提出的有時代意義的
口號，它與言論、結社等基本自由是不可分的。
以往社會主義國家一直把它嘲笑為資產階級的
東西。而今在時代潮流的壓力下，忽然也講起
人權來，並把它曲解與貶低為主要是餵飽肚
子；而於民主自由等則避而不談。這裡我很想
借用羅蘭夫人走上斷頭台前遺言的公式來表達
一點感慨：

　　　嗚呼，民主自由與人權，多少罪名假
　汝以行！

二、關於堅持非暴力的理論

　　在謀求社會進步，解決社會衝突時，必須

而且只應該使用非暴力手段。其理由已散見於
前幾章的陳述之中。要而言之是：

首先，使用暴力是人類處於野蠻時代養成
的惡習。要想真正脫離野蠻時代，進入文明時
代，首先應該學會使人類和睦相處，用非暴力
手段解決衝突。

其次，非暴力手段完全可以解決凡暴力手
段所可能解決的任何問題，並且能夠以更少的
損失解決暴力手段所不能解決的問題。這可以
從前此的案例中找到有力的證明。

第三，非暴力手段具有無比強大的威力。
這威力一旦進一步開發出來，就會無往而不
勝，實現真正的民主，實現人民真正當家作主
的思想。此點將在下文詳加論證。

三、關於權力資源的研究

1.權力的涵義：權力一詞我們天天使用，
卻很難一下子把它說清楚。須知權力隨著時代
的不同，有其不同的表現形式。在原始社會，
各成員之間憑體力的強弱決定支配與被支配的

關係。家長憑藉其養育之恩和在弱小者面前的優勢，取得對子女乃至配偶的支配權力。族長、部落領袖根據約定俗成的習慣、規矩或血統關係行使發號施令的權力。國家建立之後，君主及其臣下一般都在使用武力等手段奪取政權後，依靠發展程度不同的法律即中國人所謂的王法行使其統治權力。民主國家按照憲法實施管理權力。

很難給權力下一個完整、科學而又爲各方所廣泛接受的定義。社會科學家們關於權力的定義林林總總，層出不窮，但各種說法之間不難找到一種共識，那就是：在現代社會，最根本的權力是國家權力或者由政府代表國家所行使的政權或政府權力，也就是替國家制定和執行政策以及行使強制手段的權力，它是一切影響與壓力的總體。一切其他權力都是由政權所衍生的權力。從行政部門、司法系統、軍警機構到學校和一切機關、團體乃至社區負責人所行使的種種權力，無不由國家依法授予並以政府權力爲其後盾。

2.權力來自人民：所謂社會契約說，原本是一種假說。民主革命以前，統治者的權力無非是以各種手段，主要是軍事暴力，從人民那裡奪取來的，也就是所謂的槍桿子裡出攻權。民主革命之後，國家權力由憲法賦予，這倒是真正有點社會契約的意味，因為那憲法就等於是人民所訂的一紙關於國家權力的公約。但是，不管是那一階段的國家權力，其總的根源都在於人民則是不容置疑的。本章第一節所引博埃蒂的一番話，對此已經解釋得再清楚不過了。

3.關於權力資源的分析：當代非暴力鬥爭學說的獨到之處，就在於不停留於對權力的抽象探討，而把它落實到對於權力的載體或權力資源的具體分析之上。

權力是看不見、摸不到的抽象東西，但是它必須寄託在某種事物之上，也就是說它必須有載體、有來源或者說資源。弄清楚了權力資源，便可以找到如何開發、縮減、控制乃至斬斷權力資源，以影響權力的行使。這對於鬥爭

雙方的勝負，都是起決定作用的。

　　主要的權力資源，據分析計有以下七種：

　　(1)權威（authority）：權威也可以稱為合法性或威信，是統治者賴以生存的最主要的資源之一。如果一旦威信掃地，政令為人民所唾棄，那它就離被推翻不遠了。反過來如果威信甚高，那他的力量也就強大。

　　權威一般由軍事鬥爭、政治運動或民主選舉獲得，也可以透過類似的管道喪失，例如在民主國家因罷免和彈劾喪失。很少有統治者苟延殘喘到百分之百喪失權威的時候，也很少有統治者能夠享有百分之百的權威。此點從當代西方國家的民意測驗中就可以清楚地看出。

　　(2)人力資源（human resources）：這裡指的不是簡單的國民人數，而是指統治者能夠直接加以調遣和使用的各種人員，以及能夠向他們要求提供幫助的人民及其團體的數量。統治者權力的大小，是由上述人力資源的多少決定的。人民團體的組織形式、規模大小和力量強弱，都對統治者的權力有直接影響。

(3)財力（finances）：百事非錢莫舉。一個國家的財政狀況，直接影響這個政權的力量大小和社會的安定情況。而財力的強弱又決定於納稅人的力量和態度。所以很多國家把抗稅當作嚴重的犯法行為。前述梭羅的文明抗命，就是從納稅問題開始的。當代的非暴力行動，也以抗稅為強有力的手段之一。

(4)物質資源（material resouces）：物質資源的範圍很廣，指的是人力資源以外的一切物質財富和有關設施。前述財力當然也包括在內。只不過由於其特殊重要性而單獨提出而已。

一般所謂物質資源，計有物質財富、自然資源、經濟系統、財政金融，以及通訊和運輸手段等等。統治者對於物質資源的直接間接控制程度，決定其權力範圍的大小和力量的強弱。

物質是由人所創造、佔有和使用的。物質資源的充足與否，取決於人的合作程度。所以非暴力鬥爭者在與對方較量時，首先是爭取掌

握各種物質資源的人，然後透過他們去減少或者切斷對方——統治者或入侵者的種種物質資源。

(5)知識、技術和能力 (skill, knowledge & abilities)：這實質上是上述人力資源的組成部分，但卻是當代社會非常重要的組成部分。沒有豐富的知識、先進的技術和良好的實踐能力，就不可能使現代國家機器運轉。正因為如此，所以將它單獨列出，並在進行鬥爭時，要特別注意爭取和組織好有能力的知識份子和技術人員，使之拒絕向政府提供合作。這是克敵制勝的重要途徑。

(6)制裁手段 (sanctions)：制裁手段一詞的用法，在當今西方非暴力運動學術界有些混亂。在通常情況下，指的是統治者可用以限制、制裁和懲罰被統治者的能力、方式、範圍和實效。但是也被非暴力運動者用以指使用非暴力手段，對統治者所施行的制裁，實際上是群眾對政府的反制裁。這裡指的是前者，是統治者所依靠的最後也是最重要的手段。一旦失去了

制裁手段，就不可能實行有效的統治。

　　制裁可以是威嚇性的，也可以是實際使用的。它是人力資源與物質資源結合後所形成的威懾工具，其效力當然受前兩者的支配。非暴力鬥爭可以透過對人力物力的控制和人心向背的利用，以影響統治者使用制裁手段的能力，或使之完全失效。1989年的天安門前，學生和市民透過勸說，使奉調前來進行鎮壓的軍警，在相當長的時間幾乎失去了威懾作用；而對許多民運份子的通緝令之所以失效，讓他們能夠從天羅地網中安然逃出，也是由於非暴力運動同情者支持的結果。

　　老子說：「民不畏死，奈何以死懼之。」只要非暴力鬥士的工作做得到家，統治者的一切制裁手段都是可以擊敗的。但是也應該認識到，即令在崩潰的前夕，統治者手中也總是或多或少掌握著某種制裁力量。在與之進行鬥爭時，要注意避免不必要的損失。

　　(7)無形因素（intangible factors）：指的是心理和意識形態等方面的種種看不見的因

素，例如感情上的好惡、宗教信仰上的異同、
政治觀念上的認同或排斥、社會活動上共同信
念和使命感的有無、在鬥爭面前的士氣與民
心，以及在對待上級時的習慣與態度等，都是
影響統治者地位乃至生存的重要因素。如果這
些因素都顯示出有利於統治者方面，那他就將
有可能很順利地掌握和運用其他權力資源，以
鞏固其統治。反之，他就將難以獲得其他資源，
因而也就難以維持其統治。所以對於種種無形
因素的掌握與利用，使之影響統治者的其他權
力資源，是進行非暴力鬥爭的重要手段之一。

　　以上種種權力資源的多寡，對於統治者來
說，是一個不穩定的變數。很少有人能夠百分
之百的掌握，也不可能百分之百地失掉。統治
者掌握權力的資源的多少，構成其政權牢固與
否的晴雨表。

四、統治者與被統治者的關係

　　經過以上分析之後，統治者與被統治者的
地位及其相互關係，稍加指出就一覽無遺了。

　　對領袖人物的個人崇拜和對統治者的無端
恐懼，是民主時代到來和民智高度開啓之前，
世界各民族所共有的現象。這一方面是因爲在
古代激烈的生存鬥爭中，領袖人物常常是民族
命運之所繫；另方面也是統治者利用其優勢，
長期反覆宣傳的結果。

　　經過歷史上先進人物的啓發教育，如前述
博埃蒂的精闢分析，很足以使懷有奴隸主義的
人耳目一新。誠然，人民需要好的領袖，不過
當他們失去或推翻了原有的領袖之後，總不難
產生新的領袖，這在民主時代尤其如此。而統
治者一旦脫離或失去了人民群衆，則立即成爲
孤家寡人，失去了存在的條件和價值。這就是
一切統治者的阿基里斯之踵或致命弱點。

　　而覺悟了的人民則是無比強大和應該主宰
一切的。人民的這種主導作用，甚至在遙遠的
古代就有人曾經揭示出來。尚書說：「天視自
我民視，天聽自我民聽。」也就是說，民意就
是天意。中國有不少開明的統治者都懂得人民
如水，可以載舟，亦可覆舟。得民心者昌，失

民心者亡。可是直到今天，即使號稱發達的民
主國家，人民的利益和意志也常常被忽視。在
沒有組織好並學會使用非暴力鬥爭之前，人民
離眞正的當家作主還很遙遠。

　　統治者與被統治者的這種依賴與被依賴的
關係，其所以長期沒有被揭示出來，是因爲統
治者一直使用強制力量乃至暴力鎮壓，以使人
民閉目塞聽，俯首聽命。但是，當群衆使用非
暴力鬥爭進行文明抗命時，鎮壓就一天天顯示
出它的軟弱性。這一方面是因爲鎮壓有時適足
以增加反感，增強反抗；另一方面則因爲實行
鎮壓的軍警和政府的追隨者，由於對鎮壓的不
滿而消極怠工或甚至轉移到抗議者這邊來。

第四節　政治原子能的開發
──切斷權力資源

　　當代非暴力運動理論家最突出的論點與貢
獻，就在於他們找到了收回人民所已經交出去
的權力的途徑，並深信可以在不久的將來，開

發出一種有如原子能似的政治力量。

　　國家的一切權力來自人民，此點從上古到啓蒙學派，已經作了充分的論證，無須再作任何補充。問題是承認人民的權力是一回事，人民能否眞正行使自己的權利又是一回事。社會契約說的創造者們，口頭上承認了國家權力是人民所賦予的，但卻找不到人民收回自己權力的辦法。有的人甚至認爲這權力一經交出，就永遠無法收回。這樣一來，主權在民的說法就等於是一番空話。

　　民主革命以後，人民似乎成了主人；但各國的現實告訴我們，人民在政治上眞正當家作主的許諾還只是一張不可充饑的畫餅，原因就在於人民沒有力量去控制政府。

　　透過對權力資源的研究，非暴力運動家發現了用控制和切斷權力資源以制裁統治者的最有效的辦法。他們相信，從這裡開發出的力量是無與倫比和不可估量的。正如同可以從極微小的原子和核子中開發出改變了當今世界的無比威力一樣。

　　人類可以釋放原子能的設想，在三○年代聽起來彷彿是神話或奇談怪論。第二次世界大戰的特殊形勢，促成了這一神話的實現，並改變了世界的面貌。

　　當今民權運動高漲和文化科技發達的大好形勢，也將促成這種釋放政治原子能的神話早日實現。這神話就是透過非暴力運動，控制和切斷統治者的權力資源，就可以制服任何橫暴的統治者，真正實現人民當家作主的權力。

　　這種力量之所以可能迅速開發，是因為從印度到前蘇聯東歐的一連串非暴力鬥爭的勝利，鼓舞了世界人心；而當代交通訊息傳播技術的發達，又提供了使廣大人民了解政治形勢與非暴力鬥爭的理論知識、實踐情況的條件。當今地球已經縮小為一個村落，消息的迅速傳播和緊密的國際支援，定可使非暴力鬥爭的陣容空前壯大起來。

　　這種力量之所以必須迅速開發，是因為冷戰雖暫告結束，世界還遠沒有太平，廣大地區的人民還正遭受嚴重的壓制與迫害。這世界，

急待用非暴力鬥爭來拯救。

　　除了以上理論之外，當代非暴力鬥爭的活動家們，還曾經對實現這種理論和目標所應該採取的組織領導，進行鬥爭的戰略戰術和方式方法等問題進行了研究，這當然也同時就是非暴力理論的一個組成部分，特留待下文分別陳述。

第四章
組織領導和戰略戰術

第一節　組織起來的必要性

　　人們常說：團結就是力量，更正確一點說，應該是組織就是力量。因為只有在一定的組織之中，才能夠實現團結。一盤散沙似的群眾，是很難互相團結並從而發揮出強大力量的。

　　在發生衝突和進行鬥爭時，有組織的一方，其力量必然大於無組織的另一方，也是顯而易見的。正因為如此，所以統治者與被統治

的人民大眾相比較，雖然只是微不足道的少數，但卻可以憑相對說來極為有限的軍警和政府機構，對廣大的人民群眾實行統治。於此順便交代一下，本書對於非暴力鬥爭中人民的對手，一律簡稱統治者；他們實際上既可能是政府，也可能是政變集團或外國侵略者。

　　非暴力鬥爭是人民大眾反對統治當局不合理的行為乃至暴政的鬥爭；相對說來，是比較散漫的人民群眾，反對有組織的統治者的鬥爭。從組織的角度說，優勢顯然是在統治者一邊。正因為如此，所以為了取得鬥爭的勝利，首先就要加強組織工作。但是我們也不必驚慌和失望，須知這種情況是可以透過削弱乃至分化瓦解屬於統治者一邊的組織，和加強自己這邊的組織來迅速改變的。

　　關於組織問題的理論，當前已經成為管理學、行政學、社會學和政治學所共同關心的熱門問題，有關的參考書籍非常豐富。我們無須涉及一般的組織理論，這裡僅就與非暴力鬥爭直接有關的問題加以探討。

第二節　非暴力運動組織和權
##　　　　　力集結點

　　由於非暴力運動是多種多樣和往往是臨時
發生的運動，因而除少數爲解決帶普遍性的問
題，如爭取婦女權利、反對種族歧視等而建立
有常設性的組織機構外，一般都是隨著問題和
運動的興起而興起，隨著問題解決而解散；沒
有專門常設的機構，這就使得對運動進行領導
遭遇比較大的困難。

　　爲了克服這種困難，非暴力運動的活躍份
子便把注意力放在對社會原有組織的利用之
上；而由於當今的非暴力運動其主要手段是控
制、縮小和切斷統治者的權力資源，所以便把
這種可以利用的組織叫做「權力集結點」（loci
of power）。

　　所謂權力集結點，指的是可以直接間接控
制權力資源的正式和非正式組織機構，例如政
黨、工會、職業團體、經濟團體、志願組織、

學術團體，地區、民族、文化、體育組織乃至家族群體。此外，還有非正規的團體如臨時性通訊聯絡委員會、地下出版社、運動前夕或者運動之中組建起來的團體，歷史較久、已經停止了活動的團體，或者被獨裁政府有意削弱了活動能力的團體（如極權國家的御用學生會）等等。如果是反抗外國侵略者，還可以包括各級政府組織及其下屬機構。總之，一切有形或無形的團體，只要可以用來影響統治者權力資源的，無不可加以利用。例如即使是久已停止活動或被統治者有意削弱了的組織，也可以在運動中，趁群眾熱情高漲的時候，使之復活過來。

此外，敵對方面的組織，在一定的條件下，也可以加以利用。

第三節 影響組織活動能力的主要因素

組織機構數量的多少及其活動能力的大

小，取決於以下幾種因素：

一、結社自由的有無

　　組織的有無和多少，決定於國家的性質，決定於公民是否有結社的自由。

　　在民主國家，集會結社的自由，屬於基本人權，因而各種形式與性質的組織林立。非暴力運動家的注意力只須集中於如何建立新的組織與利用已有的組織之上，而不太為組織的有無所苦。

　　極權國家對於組織問題控制得極為嚴格。除了裝飾門面，建立起一些必不可少的群眾組織，如工會、學生會、婦女聯合會之類的御用組織之外，群眾團體少得可憐。即使群眾偶然趁某種運動之機建立了自己的團體，也被視如洪水猛獸，必於事件平息之後加以解散，並追究組織者乃至參加者的責任。因此，在這類國家，非暴力運動者所面臨的第一個大問題，就是缺乏領導運動的組織機構。他們必須學會於運動前夕或在運動之中迅速建立起必要的組織

機構來，並學會巧妙地利用社會上現存的組織
機構。

　　有一些發展中國家，其情況介於以上兩者
之間，在那裡，有比在極權國家較多的機會可
以利用。

二、組織的規模及其活動能力

　　一般說來，組織規模愈大，其活動能力與
影響也就愈大；但也與各國國民文化素質和從
事社會活動的能力大有關係。文化落後，缺乏
民主素質與訓練的國民，其所組織的社團規模
再大，也只是亂糟糟的一大團人，發揮不出應
有力量的。

　　與此相反，一個有文化、有社會活動素養
的群體，其所發揮的組織力量則往往是驚人
的。有一位紐約的猶太社會活動家說過：當他
們在紐約只有二十萬人的時候，卻發出了二百
萬人的聲音；而某些亞裔，即使有二百萬人，
恐怕還發不出二十萬人的聲音來。

三、各種組織的相互關係

　　影響一個社會各種組織活動能力的重要因素，就在於它們彼此能否平等和睦相處，通力合作，為共同目標而站在一起，並肯協調自己的計劃與行動。而組織之間的這種良好關係的有無，也同樣是與公民、與運動領導成員的民主修養密切相關的。一般說來，民主國家各團體之間比較容易透過民主程序尋求合作，而封建落後國家的組織之間，則比較容易捲入到無原則的糾紛之中去。

四、政府與群眾組織之間的關係

　　這裡指的主要是政府對團體組織的控制能力和群眾組織對政府敢於反抗的程度。很顯然，如果政府對群眾組織的控制能力強，則群眾組織反對政府的力量就必然弱；反之，則群眾組織的反抗力量就強。但是，絕不應該把這種關係理解為由政府的控制能力所決定的。實際情況剛好相反，關鍵在於群眾及其組織的態

度。如果群眾的民主精神和當家作主的意識
強，敢於造反，則反抗的力量也就必然會強大，
而政府也就會多少失去其控制能力。

第四節　非暴力運動的領導

一、領導班子的重要性

領導在集體行動中的重要作用或者說決定
作用，是不言而喻的。任何集體行動，如果要
想成功，要想奪取勝利，就必須有一個好的領
導；而在當今世界，則應該是有一個好的領導
班子。

正如同組織一樣，領導問題也是政治學、
行政學、管理學和社會學等社會科學中的熱門
話題，理論專著信手可得。這裡我們不作一般
性的討論，只就非暴力運動中，在領導方面所
特有的問題，作一些試探性的研究。

非暴力運動有時雖有全國統一的遠大目標

和連貫性的行動，但更多場合是此起彼落的由
局部問題所引起的抗議活動；當然也很有可能
因此擴展成為全國性的運動。

　　正是由於非暴力運動的這種偶發性和零散
性，因而就很難產生和保持比較穩定而為群眾
所熟悉和信賴的領導班子。有時經過較長時期
的鬥爭，群眾中會自然湧現出有全國性威望的
領導。一遇見正義鬥爭，他就前往馳援；而進
行抗議的群眾也主動前來爭取他的領導；如印
度的甘地、南非的曼德拉、波蘭的華勒沙、緬
甸的翁山蘇姬等。有了這樣深孚眾望的領導或
領導群體，對於鬥爭的勝利是有莫大好處的。
而缺乏正確的領導，則不僅影響鬥爭成果，有
時還會招致不必要的損失和失敗。

二、極權國家在運動領導方面的艱巨性

　　在民主國家，由於有群眾的民主素養和易
於產生與更換領導班子的機制，加上平時各種
團體之間，能夠自由地交往和保持密切聯繫，
因而不難於運動暴發前或運動中臨時而又迅速

地產生領導班子，或於必要時撤換之。

　　在一般發展中國家，其政府的統治或寬或嚴，但多少總有非暴力活動家施展身手的餘地，因而其運動的領導班子也可以於比較艱難的環境中產生。惟獨極權國家，那裡害怕民主、害怕非暴力運動甚於洪水猛獸，統治者所採取的是一種把群眾運動掐死在搖籃裡的政策。對於比較有威望的群眾領導，或則監禁，或則放逐他國，因而每次運動都是自發的，都是由新手領導。再加上參加者素質不齊，魚龍雜混；因而就給運動帶來許多不必要的損失。

　　補救的辦法，除依靠國際國內輿論壓力，促進其開放、民主化與尊重人權，以及期待民運人士的素質提高之外；應該大力展開非暴力鬥爭理論與現狀的宣傳，使其迅速普及與深入人心；以便一旦運動高潮來臨時，有應變的知識和能力，迅速建立組織和產生領導班子。

第五節　鬥爭紀律

　　鬥爭紀律的有無和好壞，是檢驗組織領導好壞的試金石。

　　非暴力鬥爭紀律，對於鬥爭的成敗，有與一般不同的特殊意義。這是因為一則參加這一運動的人，各方面的人都有；而且在通常情況下，誰也管不了誰，因而紀律不易維持。另一方面鬥爭紀律在兩種情況下最容易發生問題：當運動高漲，群情激昂時，有人可能沖昏頭腦，做出不符合要求的過分行動來。而當運動遭到暴力鎮壓時，一部分人可能因激於義憤，以暴制暴；另一部分人則因怕死膽怯，動搖逃跑，這就會影響士氣，於運動大為不利。

　　以上群情高昂或群情憤慨時，都極易發生暴力行動。這是運動的大忌，違背了非暴力運動的基本要求，並給予統治者以良好的鎮壓運動的機會。其理由有二：

　　首先，我們在前幾章中，曾經反覆強調，非暴力鬥爭是力量最強大的反抗運動，而它之所以強大有力，就在於它的非暴力特點。

　　其次，對立面最希望抗議群眾使用暴力，因為使用暴力手段的絕對優勢在統治者一邊。統治者比較難於向和平群眾施暴，而對於使用了暴力的群眾進行鎮壓，則是可以堂而皇之地進行的。由此可見，破壞紀律，使用暴力，就等於給予統治者莫大的幫助。

　　正是因為統治者在使用暴力上的絕對優勢，所以他們常常派遣一些特工人員或慫恿別有用心的人，故意採取暴力行動，從而給統治者提供實行暴力鎮壓的藉口。在有些國家，特別是極權國家，那裡軍警森嚴，本來不易產生抗議群眾行使暴力的事情來；然而發生暴力事件的消息時有所聞，緊接著就是統治者對所謂暴亂的大力鎮壓。而實際上這所謂的暴亂，正是統治者自己製造出來的。

　　為了進行補救，以便即使在嚴厲的鎮壓面前，都能夠維持良好的紀律，應該從以下幾個

方面著手：

一、加強訓練與作好精神準備

　　對於統治者所可能採取的暴力鎮壓要作好
充分估計與應變準備，並進行適當的抗暴訓
練。要讓群眾認識到，在暴力鎮壓面前堅持下
去，即令是會有傷亡，其損失也將會比使用暴
力對抗要少得多。不僅如此，在遭受暴力鎮壓
的情況下，局勢必將發生轉變，激起廣大群眾
的不滿和參加到非暴力運動這方面來，並使得
鎮壓一方的內部產生反感和離心離德現象。這
樣，局勢就將迅速向有利於我方轉化。

二、組織勇敢份子堅守第一線

　　在面臨嚴峻局面或者鎮壓的時候，應該徵
集和組織勇敢的積極份子，使他們堅守在隊伍
的前列。一般說來，這種積極份子並不難找，
特別是在運動高潮時將大批湧現。在獨立運動
中的印度，在法西斯屠殺面前的歐洲各被佔領
國家，都曾經出現過在死亡面前，群眾捨生忘

死以抗擊強暴的場面。1989年天安門前有組
織、有秩序的學生，特別是赤手空拳、隻身擋
住一列坦克的小將王衛林，曾使全世界進步人
民讚歎和落淚。

三、組織可靠的糾察隊伍

在大規模群衆運動和尖銳鬥爭面前，應該
組織足夠機動而可靠的糾察隊伍，進行嚴格的
保衛工作。特別是遊行示威和兩軍對峙的時候
要嚴加防範。發現形跡可疑的肇事份子時，要
及時揪出，並使之在群衆中孤立起來。

四、一切行動聽從指揮

在大規模行動、特別是遊行示威的時候，
極容易發生越軌行爲，以致干擾預定的計劃。
尤其是當形勢惡化，有必要實行撤退以避免重
大損失時，要由指揮部門統一研究，作出決定
和下達命令，有組織有計劃地撤退。個人不得
隨便行動，以免動搖軍心。

第六節　戰略與戰術

一、戰略和戰術定義

戰略與策略或戰術本是軍事術語。戰略指在一個相當長時期的作戰方案和計劃，戰術則指在一個具體戰役階段的作戰方案、計劃和手段。戰術是戰略的組成部分。當然這裡所謂長期短期也是相對的。總之，有關一場鬥爭全局的問題是戰略問題，全局之下的局部問題是戰術問題。

解決戰爭局部問題的原則、方案和手段，在漢語中有時也稱策略問題，因而策略與戰術的用法有時有些混亂。大致說來，策略的用法比較廣泛，有時用以指一般的計策與謀略，而戰術則往往側重指作戰的方法和手段。

非暴力鬥爭的文獻中，經常使用戰略和戰術等軍事術語，並非為了趕時髦，而是因為文

獻的作者們認為一場非暴力鬥爭，就是一場真
正的戰爭，只不過這種戰爭所使用的「武器」
是非暴力手段，而堅決反對使用軍事火力與暴
力而已。

　　當代西方有關非暴力戰略戰術問題談得很
多，有的人並寫成專著，例如阿克曼（Peter
Ackerman）和克魯格勒（Christopher Krueg-
ler）合著的《戰略性非暴力衝突》（Praeger
Publishers, 1993）即其一例。他們參考許多軍
事學書籍並徵詢軍事戰略家的意見。這裡不多
引證這類著作，僅就與非暴力鬥爭直接有關的
問題略說一二。

二、非暴力鬥爭的戰略

　　非暴力鬥爭的戰略，在很大的程度上決定
戰鬥的整個過程。

　　非暴力鬥爭中戰略的目的就在於最有利地
使用自己的資源，以便用最小的代價來達到自
己的目標。由此可見，首先要確定戰鬥目標。
不過有時實際情況是運動由於某些社會機制而

突然暴發，事先並沒有明確的目標，如1989年
北京的悼念胡耀邦運動，待到一旦運動爆發之
後，再在事態發展過程中逐漸形成目標。但是
在一般情況下總應該首先確定目標。

　　目標既定之後，就進一步確定具體戰略，
其目的就在於最有利地使用自己的資源，以便
用最小的代價來達到自己的目的。很顯然，如
果把非暴力行動的全部具體手段集中起來，形
成一個為實現目標的全局性的戰略或規劃，那
麼這些手段就一定會變得更為有效。因為這戰
略將會決定甚麼樣的權力資源應該受到甚麼樣
的影響：是適當限制、縮減還是切斷它們？當
然具體使用甚麼手段，還要看當時的具體情況
來決定，不可能事先擬定出固定不變的公式。
例如經濟問題不一定只使用經濟方面的抵制與
不合作手段，而有時還須使用政治、社會和心
理等方面的手段才能夠達到目的。

第七節　若干特殊問題

　　有一些問題其性質介乎戰略戰術與方法之間，或者說與戰略戰術和鬥爭方法都有相當關係，而又很能影響運動的成敗得失。學術界對它們的歸類也不一致。現在特別把它們歸爲特殊問題一類，在這裡略加陳述。

一、對戰鬥雙方的分析

　　知己知彼，百戰不殆。要想取得鬥爭的勝利，必須對於敵方和自己有準確的分析。而要進行分析，所涉及的問題又很多，這裡僅提出兩個基本點供運動的領導者參考。

　　1.對手問題：非暴力鬥爭所提出來的要求，對於統治者來說，旣可以是很溫和的，如要求增加某種經費之類，也可以是非常尖銳的，如在極權國家要求充分的人權，要求言論結社自由及廢除一黨獨裁等。後者可以構成極

爲嚴重的挑戰甚至導致現狀的粉碎。

當鬥爭提出非常嚴厲的問題時，就應該考慮這些問題的正確性和適時性，因爲有些要求即使正確，如果肯定目前作不到，也就不應提出。還應該考慮現政府對於運動所能夠容忍的程度，在運動中政府權力資源所受到的影響的多少，運動將在統治者陣營內部引起怎樣的變化，以及這種影響與變化將促使統治者採取甚麼對策與手段等等。1989年天安門事件時，學生隊伍之所以沒有在適當的時機撤退，就在於學生們以及國內外輿論界對某些領導人將實行鎮壓的決心估計遠遠不足，因而就對運動進行了誤導。

2.戰鬥團體內部的變化：戰鬥團體內部的情況也是不斷發生變化的，這些變化與運動所處的政治和社會環境密切相關。爲此，在運動一開始，領導者就要深切了解運動所提出問題的正確性，所採取行動的性質與形式，運動發展的前景，群衆堅持抵抗和不肯屈服的程度等等。

在運動進行的過程中，團體內部將不斷發生變化。當運動順利開展時，參加者彼此的感情和團結可以得到增進，因體會到自己對社會問題所造成的影響而感到自身力量的強大，增強自尊心和自信心；並從而減少對政府的恐懼或準備屈服與撤退的心理。社會上的權力集結點也因此大大地增強了其堅韌性，群眾因此對鬥爭技巧也會產生興趣和變得熟練起來，有助於團體克服困難。

反之，如果領導對運動的性質，對群眾情況了解不深，運動中又指揮失當，就會造成士氣低落，人心渙散，使運動歸於失敗。

二、始發階段的兩種戰鬥方式

這裡指的是在戰鬥一開始的時候所採取的方式。這種方式當然可以是多種多樣的，有時是聽其自然，逐步發展起來的。不過戰略家們經過研究，認為看情況可以採取下述兩種方式之一種。此種方式一般用於抵禦外侮或發生政變的場合，當然國內的抗議性活動也可以吸取

其精神，靈活採用。

1.宣傳與警告戰略 (strategy of commu-nication & warning)：這其實只能算是一種策略。指的是在戰鬥一開始，就利用各種宣傳手段，向對方也同時向自己的成員和第三方面宣告：進行抗議或抵抗的一方，將不惜一切犧牲，使用一切手段，展開一場極其頑強的鬥爭。其目的在於使對方認識到所可能遭受到的抵抗，知難而退。這種宣傳同時可以對自己陣營起動員作用，並瓦解對方隊伍，特別是減少其軍隊和公務員對政府的忠誠；也可以起到爭取第三方面的同情和支持的作用。它還可以向各方面澄清事實，肅清訛傳與謠言的影響。

此種宣傳的作用，猶如大規模進攻前的訊號槍，它預示一場強大的抵抗運動就在後面。

與此同時，可以向對方使用一定的干涉和阻撓，如用身體擋住汽車、封鎖橋樑等；也可以使用總罷工、經濟關閉 (economic shut-down)，以及大規模「閉門不出」等手段，以加強心理上的影響。但是，這些手段都只能是

短暫地運用，以說明如果對方不停止，就將碰到更為嚴厲的抵抗運動。

以上的作法，與中國俗話所說「打退不如嚇退」的精神基本相似。而如果這套宣傳方法對敵方不起作用，那就只好在後續階段另外採取新的對策。

2.非暴力閃電式總攻擊(nonviolent Blitz-krieg)：與前一種策略相反，立意在鬥爭一開始就給對方一個「下馬威」或當頭棒喝的策略，也就是以迅雷不及掩耳的方式，竭盡全力猛攻，展開一場重大的反抗戰役和使用幾乎是徹底不合作的手段。

此種戰鬥方式適用於當發覺對方是力量相當軟弱或意志不堅定，而自己方面則既堅強又有充分準備的場合。其目的是使對方相信，在這樣的對手面前，自己即使花費很大的代價，也無法取得所想要的勝利。閃電式總攻擊的具體方式主要是：總罷工、經濟關閉、城市人口疏散、閉門不出、消極怠工、破壞對方部隊、出版反抗性報紙、廣播有利我方的消息，以及

一切其他可以使用的方法，從而使對方認識到
這是一場撈不到果實的鬥爭，並且將危及其自
身隊伍的鞏固，應該盡快撤退。

　　這種辦法一般不可能迅速獲得勝利，而僅
僅是起到動員自己的力量和警告敵人的作用。
在敵人拒不撤退時，就應該使用早已準備好了
的進行持久戰的其他手段。

　　以上兩種方式也可以同時或者一先一後地
交替使用。

三、鬥爭進程中的戰略

　　鬥爭進程中的戰略（strategies in the
course of struggle）指的是當始發階段的鬥爭
手段失效之後，為了避免產生士氣低落或失敗
之感，就需要有一個戰略轉移過程，從事一場
比較持久的戰鬥。目的在於顯示抵抗者正在採
取主動，以決定鬥爭的面貌和爭取最後的勝
利。

　　要進行比較持久的鬥爭，應該事先制定某
種作戰的總體指導方針，說明在碰到甚麼樣的

問題與環境時，應該怎樣主動應付，而不管領
導是否發布過什麼具體指示。這樣，即使通訊
聯絡已被切斷或甚至領導集團已經被逮捕的情
況下，也能夠繼續堅持戰鬥。

　　上述總體指導方針，應該對於統治者所可
能採取的種種措施如加強統治、控制或破壞社
會團體、宣傳有利於統治者的各種思想、用限
制言論自由等方式阻止抵抗思想的傳播，以及
實行粗暴的鎮壓和屠殺等，提出具體對策。

　　由於對以上各種情況事先有了思想準備和
進行了如何應付的訓練，實行非暴力抵抗的廣
大群眾就能夠獨立自主地進行抵抗，並形成一
股整體力量。

　　此外，抵抗組織還應該根據具體情況，發
起和領導一些「有組織的抵抗」。這種抵抗有一
些也可是事先早就籌劃好了的。

　　在進行較長時期的非暴力鬥爭時，為了不
使群眾疲勞或某一部分群眾負擔過重或犧牲太
大，可以準備好多種戰鬥手段，交替使用。

四、政治柔術

政治柔術（political jiujitsu）是一種非常有名的戰略或者策略。

柔術本是日本的一種古老的武術，其精華後來爲日本的柔道所吸收。其精華之處在於利用對方的力量以打擊對方，而不是用死力去碰撞。此點與中國太極拳的「借力打力」十分相似。

在這裡，它指的是只要堅持有紀律的非暴力鬥爭，經過相當的時候，就可以使對方的暴力鎮壓，產生政治柔術效應，即使得壓迫者因使用暴力而失去政治平衡，以致打擊力量反而落在自己頭上。其原因是長期而殘暴地向和平居民使用暴力，將使自己在各方面眼中都顯現爲一副很壞的殘暴形象。他既無法就此作出解釋，也無法長期對於國內國外的輿論壓力不予理睬。而倘若繼續進行更嚴厲的鎮壓，則只足以增加敵視和反抗，嚴重時可以發展成爲抗命乃至兵變。而另一方面，暴行將大大促進對抵

抗者的同情、支持和援助。在這種情況下，非暴力鬥爭的群眾將得到鼓舞，不顧一切代價去繼續進行戰鬥。類似的例子隨處可以找到。用中國群眾所常用的表達方式是：一個人倒下去，千百人站起來。或者如一位捷克學生在1989年11月防暴警察鎮壓時所說的：「毆打是點燃群眾運動的火星。」

以上情況說明到一定的時間，鎮壓和暴力便會反彈回來，成為打擊自己的力量，這就是政治柔術發揮了充分作用。

第八節　對四種轉變機制的掌握

任何鬥爭都只是手段而不是目的，進行鬥爭的目的就在於奪取勝利，實現預定的目標。非暴力鬥爭的目標一般都是透過統治者自願或被迫的讓步來實現的，只有當抗議者的力量迅速壯大，而統治者又頑抗到底時，才會造成使現有政權瓦解來解決問題的結局，這當然是最

徹底的解決問題的理想辦法，但是一般很難達到。

　　上述使統治者發生轉變以結束戰鬥的時刻或火候，通常把它叫做轉變機制（mechanism of change）。理論家把這種機制歸納爲四種。非暴力鬥爭領導者的任務之一，就是要善於識別和掌握好這種轉變機制。

一、改變觀點

　　改變觀點（conversion）是最溫和的一種轉變。指的是由於非暴力團體行動的結果，統治者自動採取了新的觀點，接受了非暴力團體的要求。此種轉變通常是經過說理和辯論去說服，也可能同時影響了對方的情感、信仰和道德體系。由於非暴力團體深思熟慮的努力，結果統治者不僅不得不同意他們的要求，並且也覺得這樣作是正確的。

　　本書第二章第二節所述1924年印度甘地的追隨者替賤民爭取過路權的艱苦鬥爭，就是實現了轉變觀點的一個典型例子。

　　由於雙方所處地位的不同，除了比較不太
重要，政治性不太強的問題之外，此種轉變一
般很難實現。因而有一些非暴力戰略家認為此
種機制是不可取、不必要或者不可能的。

二、讓步

　　讓步（accomodation）是介乎轉變觀點和
非暴力強制（見下款）的一種中間機制，指的
是敵對方面既不是改變了觀點，也不是受到了
非暴力團體的強制；但是這兩種機制的某些因
素都起了作用，因而就使得統治者作出了向非
暴力團體讓步的決定。在成功的非暴力鬥爭的
案例中，這是最常見的一種。在這種場合，統
治者接受群眾全部或者部分的要求，在一定程
度上改變了經濟或政治形勢，但卻沒有從根本
上改變統治者對問題的看法。

　　在實行讓步時，統治者仍然在是否讓步上
有選擇能力，只是為了減少內部分歧，削弱內
部的反對派，或減少經濟損失等因素而讓步
的；而且這是一種能夠保住面子的良好辦法。

這種機制在罷工問題上最爲常見，並且往往帶有折衷性質。

三、強制

強制（coercion）在這裡與通常的使人完全屈服略微有所不同，指的是在違背統治者意願的情況下，以強迫或者限制的方式發生變化。這時統治者進行有效活動的能力已經喪失，但是他們還保持著足夠的力量，足以維持其地位以與抵抗者進行談判。簡言之，這種機制的特點是：目標已經達到，但卻還沒有發展到使對方完全瓦解的程度。

強制通常發生在非暴力抗議者直接間接成功地限制和縮減政府所必須的權力資源，使之難以運轉的時候。這時必然會出現三種情況：一是參加抵抗的群衆非常廣泛，無法鎮壓，也就是發生了法不責衆的形勢。二是政府體制已經因群衆的不合作而呈現癱瘓狀態。三是統治者實行鎮壓的能力已經大爲削弱或者消失。在此種情況之一或其並發的情況下，統治者知道

已經不再可能堅持其原有的政策和制度，故而不得不接受強制。1905年俄皇尼古拉二世發布憲政宣言，就是接受強制的典型事例。

四、瓦解

瓦解（disintegration）指的是當統治者幾乎完全得不到權力資源時，於是其政府系統便在實際上已經歸於瓦解。這時的具體情況往往是：權力資源已經真正極大限度地被切斷，政府體系已經基本上瓦解，只有某些個人或者很小的團體還存在著，不再可能實行任何統治，因而群眾連實行強制的對象都不存在了。全體居民已經徹底否定了敵對方面進行任何領導的權威，警察和軍隊已經拋棄其前主子或者已經作鳥獸散，不再有實行鎮壓的機器了。1917年2月俄皇尼古拉二世的退位，就是受非暴力衝擊而瓦解的範例。

瓦解機制是切斷政府權力資源手段的最大限度和最成功的運用。

舊政權瓦解之後，如何建立符合人民要求

的新政權，不使別有用心之徒趁機竊取勝利果實，是非暴力運動的領導者和全體戰士所應特別注意的具有頭等戰略意義的問題。

第五章
主要鬥爭方法

第一節　鬥爭方法的重要性與
靈活性

　　任何一種鬥爭，在確定目標之後，就要認真解決鬥爭的戰略戰術和方式方法問題。鬥爭目標、戰略戰術和方式方法是一個互相制約的不可分割的整體。非暴力鬥爭由於所面臨的一般都是掌握國家機器的強大的對手或者敵人，沒有靈活機動而又效果良好的一整套方法系列，是很難獲得圓滿成功的。

　　一般說來，目標決定戰略戰術，戰略戰術

又決定方式方法;但反過來也可以發生因方式方法而影響戰略戰術乃至戰鬥目標的情況,例如因為少數人的意氣用事,採取使用暴力的方法,從而導致統治者的瘋狂鎮壓。不僅原定的戰略戰術無法實施,甚至造成運動的失敗和目標的不能實現。

但是由於情況的變化,不僅方式方法應該靈活掌握,戰略戰術乃至戰鬥目標也應該隨著情況的發展變化而不斷地修改。膠柱鼓瑟、一成不變的決定是不足取的。

非暴力鬥爭的方式方法,由於長期的積累和非暴力鬥爭戰略家辛勤的收集與總結研究,據說迄今已有近二百種之多。又由於非暴力運動的戰略家們,認為非暴力鬥爭不僅並非軟弱,而且實質上是一種進攻性的戰爭,是一種不使用軍事火力武器、而僅僅使用非暴力武器的戰爭,因而他們也習慣於把這種鬥爭方法系列叫做武器。這裡特選擇其有實效和有代表性的方式方法,分類加以介紹。

第二節　主要鬥爭方式方法及 其分類

非暴力鬥爭是一種群眾運動。單個公民即使採取像自焚等激烈手段（非暴力戰略家反對採取這類行動），也很難收到觸動政府和改良社會的效果。它必須是集體行動。因此在談到非暴力鬥爭的方法時，首先是組織群眾和宣傳動員群眾的方法。組織問題由於其特殊重要性，已在上章陳述，不贅。

至於宣傳方法，不僅在動員群眾、爭取輿論支持、勸服統治者和瓦解對手等方面至關重要，而且其表現形式也是極為複雜和多樣化的。宣傳手段並且必須貫徹於鬥爭的始終。為避免重複，對具體宣傳方法，將於下文在適當的地方加以陳述。

非暴力鬥爭的方式方法雖然為數甚多，但是從其行為的傾向、活動的領域和激烈程度等方面著眼，大致可以分為以下幾個大類。不過

這種分法也很難十分準確，因為有些方法是貫穿在各個領域之中的。

一、按照行為傾向分

　　1.不作為行為或怠忽行為（acts of omission）：指的是故意不作政府所要求作的事情，以表示抗議或忽視乃至不承認統治者的權威，拒絕服從政府的規章制度。「你要我作甚麼，我偏不作甚麼。」因為公民並不是永遠順從地作別人要求他們作的事情的。例如你號召人民買公債，人民卻相約拒絕購買。不僅如此，他們還冒觸犯法規、遭受處分的風險，拒絕作自己職責範圍內的事情。

　　這種行為例如故意的消極怠工——工作沒有效率、命令被遺忘、檔案被丟失、通訊工具失靈；公開的罷工、罷課、罷教；警察不執行任務、不維持交通秩序，以及集會抗議、遊行示威等。發展到嚴重的時候，軍警甚至拒絕執行鎮壓群眾的任務。到最後，可使政府對局勢失去控制，形成癱瘓。

2.越權行為 (acts of commission)：指的是故意作政府所禁止他們作的事情。因為公民同樣也不是永遠順從地不作政府所禁止他們作的事情的。他們故意與政府的禁令背道而馳。例如不顧政府的戒嚴令，照樣舉行集會和遊行示威等。其他如出版「非法」刊物、私設電台等也都屬於越權行為。

3.混合行為 (acts of combination)：即以上兩種行為混合在一起的行為。實際上任何一次非暴力行動所採取的都是混合行為。

二、按照行為領域分

1.政治行為 (political acts)：指的是從政治上打擊對方，如宣稱其缺乏合法的政治權威，警告人們不要與政變集團或入侵勢力合作，以免將來受審等。

2.經濟行為 (economic acts)：是使用得最多的一類行動，如罷工以及各種經濟抵制等。

3.社會行為 (social acts)：其範圍也很廣

泛，如拒絕向佔領軍表示敬意，拒絕到佔領軍
所謂的慈善機構領取飯食衣物，拒絕賣東西給
對方，當對方的人走進咖啡館或餐廳時，原有
顧客像逃避瘟疫一樣趕快離開等。

　　4.心理行為（psychological acts）：即採
用一些足以長自己志氣，滅對方威風的行為。
這類行為與社會行為有時很難區別。其典型例
子為見到對方崇敬的徽章旗號時就蹙眉或予以
唾棄。又如1942年，德國佔領軍毀壞了波蘭的
一切紀念民族英雄和愛國事跡的文物建築，於
是成群結隊的波蘭人大張旗鼓地環繞這些現場
來回行走或甚至在那裡舉行祈禱，以使得德國
人生氣。

三、按照行為的激烈程度分

　　按照行為的激烈程度及其所引起的後果，
非暴力行為可以區分為四大類，其影響並且是
與上章所述四種轉變機制相對應的。

　　1.非暴力抗議（nonviolent protest）和勸
服（nonviolent persuasion）：非暴力抗議的

涵義無須解釋。至於非暴力勸服，有時也稱非暴力勸阻（nonviolent dissuasion），指的是透過比較溫和的方法，使統治者自動或甚至自願改變觀點，滿足群眾的要求。

勸服或勸阻一般可透過五種手段達到，即：

(1)威懾（deterrence）：即設法顯示自己的力量，使對方知難而退，不經過嚴重鬥爭就滿足群眾的要求。

(2)理性辯論（rational argument）：即使用說理的方式使對方屈服，如美國六〇年代民權運動中及其他場合所常用的那樣。

(3)道德訴求（moral appeal）：即從道德的角度來說服和感動對方，如上章印度維科姆地方替賤民爭取過路權時所使用的手段那樣。

(4)使精神渙散（distraction）：利用無休止的辯論與訴求，使統治者不勝其煩和難以應付而讓步。

(5)其他非挑釁性政策（nonprovocative policies）。

使用本類鬥爭方法的目的，除為了影響與勸服對方之外，還同時可以起到統一內部意志和與社會大眾相溝通的作用。其重要手段之一為展開廣泛的宣傳：透過宣言、傳單、招貼、旗幟、標語、口號、講演（在正式場合或街頭）、廣播電視乃至傳播小道消息、出版違禁刊物等種種手段，宣傳自己的觀點，使之為國內外所知曉。其中宣言與標語口號所起的作用，有時是十分驚人的。

此外也可以利用宗教儀式和家庭生活進行抵制，如在教堂朗讀抗議性信件等；發動兒童進行抗議，舉行使對方難堪的追悼會，如大陸1976年清明節紀念周恩來，1989年悼念胡耀邦；發動大批人員辭職等等。

抗議活動的進一步發展就是舉行抗議集會和遊行示威，設置監察、警戒、守夜、巡邏隊以監視對方的行動等。這時運動便很容易進而上升到不合作的階段。

2.非暴力不合作（nonviolent noncooperation）：這是非常強有力的一組手段。當群眾

使用抗議行動時，當局有時可以相應不理；而不合作行動則可以直接衝擊到權力當局本身，給統治者造成必須認真對待的嚴重局面。它可以大大影響和縮小當局的施政能力，嚴重的時候還可以使政權癱瘓。

嚴格來說，一切非暴力活動，都具有不與政府合作的意味。這裡特指以下三個方面的不合作。

(1)社會不合作：本節第二款對此已有所涉及，例如以合法和非法的方式，把統治者及其人員與社會隔絕起來，不與他們接近和交談，不賣東西給他們等等。其中特別是社會聯合抵制所產生的影響更大。例如二次大戰時，丹麥人在見到德國士兵時，兩眼直視其身後，彷彿眼前這個人並不存在一樣。其他如把對方排斥在教會之外；協助被迫害者，為被追捕的人士提供庇護所；拒不參加對方所舉辦的群眾性活動，如藝文、娛樂、體育活動等；不接受其榮譽稱號，拒絕加入對方所控制的組織；大家相約閉門不出，使城市形同鬼域等。

社會不合作能使對方感到嚴重的孤立。

(2)政治不合作：指拒絕在現在條件下繼續進行通常形式下的政治參與，如拒絕承認統治者的合法權威，不接受對方所任命的官吏，不接受其解散社會組織的命令，拒絕參加選舉投票，拒絕到敵對機構去工作，由政府官員和雇員所發起的怠工和抗命，以及實行「文明抗命」──故意、公開而且和平地違犯某種法令等。

政治不合作通常都有大批的居民和政府官員捲入，它的表現形式也是無窮無盡的，這是比社會不合作更厲害的一種手段。

(3)經濟不合作：在經濟發展的現代社會，經濟上的不合作顯得愈來愈重要，成為幾乎可以左右局勢的一種手段。

經濟不合作指停止已有的特定經濟關係和拒絕建立新的經濟關係，它的形式跟政治不合作一樣，也是多種多樣的。大致可以分成經濟抵制和罷工兩大類：

第一，經濟抵制：指的是拒絕維持某些經濟關係，特別是在買賣和運輸貨物方面，拒絕

提供服務。經濟抵制又可分為主要的和次要的兩個方面。主要的指直接停止與敵對方面的往來。次要的抵制則是對第三方面施行,藉以誘使其與對方疏遠和加入到自己這方面來。

經濟抵制的具體形式有國內和國際消費者抵制、拒交租金、製造業主抵制、阻止工人進廠、拒絕償付債務和利息、提取銀行存款、拒絕交稅以及國際貿易禁運等。其中拒絕交稅被認為是觸犯刑律的非常嚴重的行為;只此一舉,時間一長就可以使國家癱瘓。

經濟抵制主要由工會或民族解放運動組織加以運用,可以由各階層廣大人員參加,在抵禦外侮的場合,政府也可以參加進來。

第二,罷工:罷工就是拒絕工作。這裡主要指工商業經濟部門的罷工。這是一種經過仔細考慮的集體地並且通常只是暫時限制或停止勞動,以向對方施加壓力。但它所涉及的問題卻不一定限於經濟方面的。

罷工可以是完全停止工作,也可以是對工作的某些方面加以限制,例如怠工。

　　罷工的種類很多，例如：抗議性罷工、臨時性短暫罷工、農民及農業工人罷工、專業人員罷工、工業罷工、囚犯罷工、託病及其他形式的怠工，以及行業總罷工、各行業乃至全國總罷工等。

　　企業主還可以與工人聯合起來，以實行「經濟關閉」，與通常所稱的罷市相類似。經濟關閉的威力非常之大，往往引起重大的事變。

　　罷工可以是象徵性的，例如1989年11月27日，捷克斯洛伐克人民舉行兩小時的總罷工，以表示對自由選舉的支持。

　　罷工往往由經濟問題引起，但有時則是為了達到政治或革命目的。

　　罷工通常都是提出某些問題作為復工的條件。罷工的威力非常之大，有時僅僅是威脅要罷工，就可以迫使對方讓步。

　　以上各種不合作的威力非常之大，它輕則可以使統治者的「政令不出都門」，重則可以導致政府的癱瘓瓦解。甚至列寧在1922年3月俄共第十一次代表大會上，也曾感慨萬千地說：控

制了權力寶座，並不一定就意味著控制了官僚機構。

3.非暴力干涉（nonviolent intervention）：是非暴力不合作的進一步發展，是極為嚴重的非暴力行動。它已經不只是向對方傳遞某種意見或者撤回某些合作，而是要用非暴力手段去掌握主動權，去直接破壞一種局勢，和建立一種新的局勢。

這種手段可以採取心理、生理、社會、政治或者經濟的形式，包括：絕食、靜坐抗議、非暴力阻撓、建立新的社會行為模式、留廠罷工、另建經濟機構、上班而不出力、誘使對方大量捕人、非暴力闖入等比較激烈的手段。如1955年印度人民闖入葡佔的果阿，1989年4～5月中國大陸學生進駐天安門廣場，1953年當蘇軍用坦克驅散東德數以萬計的示威者時，被驅趕的人群坐在馬路上以阻止坦克前進等事例。而1989年天安門慘案前夕，北京市民堵塞街道阻止軍車前進，其場面尤為壯烈。這些都是很有名的非暴力阻撓、闖入和干涉。

　　在非暴力干涉活動頻繁而且激烈時，運動便有可能最後發展到建立平行政府的程度。這時，指揮者應該注意把鬥爭的影響擴大到對方的陣營中去。

　　非暴力干涉由於所提出的是直接而嚴重的挑戰，因而它或者是很快就取得勝利，或者是馬上招來嚴厲的鎮壓。

　　當由於強大的非暴力干涉手段而導致對方瓦解時，其情況我們在上章談到有關四種轉變機制時，已經作了探討。這裡只須著重指出，非暴力領導者要事先作好準備，團結一切同盟軍，迅速建立新的體制，並密切注意阻止新的獨裁勢力乘機篡權。

第三節　幾種帶戰略性的重要方法

　　非暴力鬥爭的方法和手段，除以上所述外，還有幾種綜合性和略帶戰略性的重要方法，值得單獨提出，即：

一、選擇性抵抗

在一場規模浩大而且持久的非暴力鬥爭中，為了打擊敵人的要害而又不造成抵抗者的重大損失，可以採取選擇性抵抗（selective resistance）的方式。此種方式也叫「非暴力陣地戰」或「要害上的抵抗」，其要領為在戰鬥過程中，選擇幾個與對方生死攸關的政治、經濟或社會問題，由人民中的特定部分在特定的時刻，以特定的問題為目標，集中精銳力量，對敵人進行攻擊。這樣，我方可以有計劃、有順序地集結和分批使用「兵力」，輪番作戰；群眾可以乘間得到休整，免除疲勞與負擔過重的痛苦；而對方則顧此失彼，疲於奔命，無法對社會進行廣泛的控制。

這種戰鬥方式與我國春秋時期，伍子胥用「三分四軍」以輪番侵擾楚國的戰略十分相似。

即使採用選擇性抵抗，萬一對方集中全力進行掃蕩，使得較大的組織機構被摧毀時，便

可以利用單獨活動的個人或者極其微小的組織來進行抵抗，通稱「微型抵抗」，它可以起到使戰鬥旗幟不倒，等待轉機的作用。

持久的選擇性抵抗，能夠使進攻者不勝應付之苦，從而停止進攻或甚至因此徹底崩潰。

二、徹底不合作

徹底不合作 (total noncooperation) 也叫「徹底抵抗」，其性質與上章所介紹的非暴力閃電戰甚為相似，指的是由全社會拒絕與對方的一切合作。這在特定情況下是很有用的，例如用於戰鬥一開始就給敵人以下馬威的場合。但是除了特殊情況之外，這種辦法是很難持久的。如果運用於較長的時間，則必須有充分的準備，並且其人民有異乎尋常的堅持性，因為這種手段給自己所帶來的後果也是非常嚴峻的。它必須付出把自己社會的許多方面加以關閉的代價，居民必須能夠在極艱苦的條件下生存下來；而對方則肯定會在此種嚴重的情況下，實行殘酷的鎮壓。所以此種手段不可輕易

採用。它絕不應該是在受到攻擊時作為一種感情用事的報復手段，而應該是用於當敵人已經削弱或瀕於崩潰的時候。當然，在敵人實行忍無可忍的野蠻屠殺時，也可以短時間地加以運用，以表示抵抗者的決心和給敵人警告。

三、聲東擊西與指桑罵槐的方法

非暴力鬥爭的研究雖然以西方世界為大本營，但具體的鬥爭實踐則往往以第三世界規模巨大而且鬥爭尖銳。在某些極權國家，那裡的老百姓可以動輒得咎；那裡的政府對任何反抗所採取的是把運動掐死在搖籃裡的對策；因而必須有極其靈活的鬥爭技巧。這裡所列舉的聲東擊西、指桑罵槐的兩種方法就是頗饒興味而又收效良好的範例，它使得非暴力運動能夠在極嚴峻的條件下迅速擴展開來。

1976年周恩來逝世之後，北京及外地某些大城市的市民特別是學生展開了長達三個月之久的弔唁活動。弔唁剛去世的國家總理，當然是無可非議的事情。問題是那弔詞、那輓聯，

以及那在大小集會上朗讀的祭文、詩歌，和隨處可見的標語、口號和招貼，無一不是用對比方式既歌頌周恩來，又直斥四人幫，並暗諷毛澤東。這就叫做借題發揮、聲東擊西、指桑罵槐：抬死人、壓活人。這使得毛澤東與四人幫忍無可忍，實行了殘酷的鎮壓，釀成有名的「四五運動」，即第一次天安門事件。

　　無獨有偶，1989年雖然處於剛剛過去不久的1986年「反資產階級自由化」之後，控制極嚴，但胡耀邦的猝死，卻給予學生出氣的良好機會。他們以此為出發點，釀成了震驚世界的天安門大慘案。運動中學生除了提出深得人心的反官倒、要求廉政和反對通貨膨脹與貧富不均等訴求外，還藉悼念胡耀邦以批評鄧小平，把他比作慈禧太后。往後學生又用從窗口向外摔小瓶以表示他們對鄧小平的憤恨。在嚴禁集會遊行的日子裡，他們用「暗約而同」的方式繞校園散步，大家在「六四」忌日一律穿白或穿黑以表悼念，使當局僅能乾瞪眼而難以動手鎮壓。

以上都是很值得推廣的有用的非暴力手段。

第四節　控制、縮減和斬斷權力資源

以上種種鬥爭手段都是各國人民群眾在長期艱苦鬥爭中，甚至是用血與淚所積累起來的寶貴經驗。但是人們在使用這些方法時，往往是因時制宜，有時甚至是被逼出此策的。一般都沒有從理論上先加以研究，自覺地從控制、縮減乃至斬斷權力資源的角度加以運用，因而有時效果不夠理想。

反過來，如果能夠處處從影響權力資源著眼，有目的地使用力量，那就一定能收事半功倍之效。因為經過第三章第三節的探討，我們已經認識到權力資源是一切統治者所賴以生存的基礎，是他們不可須臾離開的跟水與糧食和空氣一樣重要的東西。

縮減乃至斬斷權力資源的攻勢雖然主要是

由非暴力團體發動，但具體的執行者卻可以是
我方、第三者或敵對方面自己內部的不滿勢
力，並且其作法與效果也是很不相同的。

　　按照有關權力資源的理論，在與敵人作鬥
爭時，應該從以下幾個方面著手，予敵人致命
的打擊。

一、減少或斬斷其人力資源

　　人力資源是最根本的權力資源，有人民的
支持，政府才有活力；眾叛親離，政府就孤立
無援甚至崩潰瓦解。中國古人也說：「得天下
有道，得其民，斯得天下矣。」在打擊敵人的
時候，也應該根據這個道理，盡量使人民離開
他們。但是，工作做得再好，也難以把所有的
人都爭取過來，於是在工作上就有一個誰先誰
後、輕重緩急的問題，不可以平均使用力量。

　　一般來說，首先應該爭取人民中最活躍與
政府統治及社會生活有重大影響的那一部分人
民，這首先是工廠工人，特別是重要工業部門，
如電力、交通、飲食和國防工業等，使之進行

怠工或罷工。掌握知識和高科技的白領工人與專家當然尤其重要，因為在科技高度發展的今天，科技人員怠工就有可能使國家機器停頓。此種攻勢如果能夠同時在敵我雙方陣營同時發動，其威力當更加顯著。例如第二章所述1923年德國發生卡普領導的政變暴亂中，到最後卡普在要發表宣言時，竟連秘書和打字機也找不到，以致宣言無法出現在第二天的報紙上。

二、否定對方的權威

這裡指的主要是在政治上把對方搞臭。對於政變篡權份子和入侵的外國敵人，主要是指出其非法性，並警告投機者和動搖份子不要與非法領導同流合污，以免將來自食惡果。而如果所反對的是本國原有政府，則大力揭露其不得人心和違法失職，應予制裁、改組或打倒之處。

三、利用各種無形因素

無形因素中影響最大的是心理、感情、信

仰、意識形態和社會習慣等方面的看不見但卻
對鞏固統治十分重要的東西。例如共產主義國
家的牢固傳統是全社會跟黨走，不容許有與當
局不同的聲音。可是史達林剛死的1953年6月16
～17日，東德工人居然上街公開抗議並譴責那
個所謂「工人的國家」。這種行動第一次打破了
盲目服從的模式，引起世界震驚，並且開了共
產主義國家公開進行非暴力抗議活動的先河。
1979年以後中國的西單牆事件，群眾上街遊行
及此後的學生上街，從根本上改變了中國的政
治氣氛。

四、控制或斬斷財力與物質資源

　　以上第一項如果作得好，控制或斷絕了人
力資源，當然也就是控制和斬斷了財力等物質
資源。但是也不一定要首先絕對支配了人力資
源才可以影響物質資源，而是可以直接著手控
制財力與物質資源的。只須對與此有直接關係
的人做工作，就可收到明顯效果。其中動員群
眾拒絕納稅，是對統治者最致命的打擊。

　　有一種財力與物質資源方面的新的有力的打擊，那就是實行國際經濟抵制和制裁。這是各國相繼開放，國際交流頻繁之後的一種新的態勢。1989年天安門慘案之後的幾乎全球性譴責與經濟制裁，其影響是多方面的；因而它足以使一切企圖實行野蠻鎮壓的統治者望而卻步。

五、破壞制裁手段

　　制裁手段是統治者維持其地位和推行其政令所必不可少的法寶。一旦制裁手段失效，政權也就會隨之歸於消滅或者名存實亡。非暴力抵抗者一般從三個方面來控制和破壞對方的制裁手段：首先是公開抗命，這種抗命往往得到廣大群衆的協助，如使緝捕行爲失效和給逃亡者提供庇護所等。其次是不給軍警提供武器與交通工具，並且抵制徵集軍警的命令。再次是向對方的軍警等鎮壓機關進行分化瓦解工作，使之由敷衍應付、消極怠工一直發展到實行叛變。

　　控制和斬斷權力資源的辦法，被認爲是能
夠給予統治者以最直接而又最間接的打擊。其
所以是最直接的，是因爲它所打擊的是權力所
賴以生存的資源，是統治者的最根本的要害。
其所以是最間接的，是因爲採用這種方法，並
不需要與對方的軍隊、警察、法院等權力機構
直接打交道，而是繞過這些鎭壓機器去挖它們
的牆脚，使它們在不知不覺中垮掉。

第六章
非暴力國防及其他

第一節　非暴力國防的涵義

　　非暴力國防 (nonviolent defense) 名稱繁多，有人把它叫作群衆性國防 (civilian-based defense)、人民國防 (people defense)、社會性國防 (social defense)；另有人則稱之爲非進攻性國防 (nonoffensive defense) 或非挑釁性國防 (nonprovocative defense)。它是防禦性國防的一種。防禦性國防可以是軍事的，也可以是非軍事的。非暴力國防指的是非軍事的

國防，也就是由全體平民而不是軍事人員擔任的國防。

　　非暴力鬥爭可以用來抵禦國內的政變篡權陰謀和外國侵略者，此點我們已經在前幾章用具體生動的例子反覆論證過了，這裡用不著贅述。

　　問題是能否把非暴力鬥爭作爲經常性而且甚至是唯一的國防手段，也就是採用非暴力的國防政策，則各方面人士特別是國防專家們的意見和分歧還很多。有人認爲國家之間由來就是用武力講話的；另一些人則認爲從非暴力運動在以往所表現的威力以及它日漸增漲的影響看，用作經常性國防則是完全可能的。此外也有人提出非暴力國防與暴力（軍事）國防兩相結合，或者暫時以之作爲軍事國防的補充因素，然後逐漸取軍事國防而代之。說者見仁見智，不一而足。

第二節　非暴力國防的具體措施

　　主張採用非暴力國防的人士認為，為使非暴力國防能夠付諸實施並發揮致勝的作用，須從以下幾個方面著手：

一、取得國家領導的支持

　　國防是國家的首要公務之一，它不同於一般非暴力抗議活動，不是部分社會活動家和社會組織可以擔當得起的；必須首先能夠爭取到政府當局的大力支持，把非暴力國防作為根本國策。為此也必須得到軍事領導和軍事戰略家的支持以減少阻力。

二、計劃、宣傳和訓練

　　作為一種國防政策，當然應該作出周密的應變計劃。以往各國的非暴力鬥爭，大多是偶發性和無準備的鬥爭，尚且取得了許多輝煌的

勝利；而今倘能由國家出面實行組織領導，其力量自會成倍乃至成數十倍地增加，這是不容懷疑的。

　　在作出應變計劃之後，應該按照以前各章所陳述的內容，做好物質和精神準備。物質準備指的是為展開群衆性鬥爭，要儲備好應變用的糧食、宣傳手段等應急物質。精神準備指向群衆進行系統的有關非暴力鬥爭的教育，使他們認識非暴力鬥爭的潛力和熟悉斬斷權力資源等一整套的鬥爭方法，並培養在嚴重事變面前的忍耐與堅持能力。

　　在廣泛宣傳的基礎上，然後由領導對群衆、特別是其中的積極份子和各種社會組織的領袖人物進行訓練。

三、改變軍事力量及其組織結構

　　要根據嶄新的非暴力國防計劃，徹底改變軍隊的武器裝備和人員編制。

　　首先，在武器裝備上要改為防禦性的，而不要配備可用以進行大規模反攻的武器。例如

在購置反坦克武器上比購置坦克花更大的力量，不配備毀滅性很大的武器，不配備遠程戰略轟炸機，而只配置短程戰鬥機，如此等等。其目的在使自己的國防力量變成非進攻性、非挑釁性的；從而不會給鄰國以任何威脅，也不會招來他國「先發制人」的攻擊。

與此同時，部隊的編制也應該改為機動靈活、適於防禦與應變的較小的單位，而不是用於進攻的多兵種的大兵團。

四、爭取國際支援

當國家遇到內憂外患時，除一般性地向國際社會如聯合國等呼籲求援之外，應該與採取同樣非暴力國防政策的國家，建立密切關係乃至簽訂互相支援的國際條約，這樣便可大大加強自己的反抗力量。

採取非暴力國防政策，實行以上措施後，其優點和利益據說是很多的。例如：

1.可以減少大批軍事人員，縮小政府機構，從而節省數以億萬計的軍費。世界各國如果能

夠從軍備競賽中解放出來，人民的生活，可以
成倍乃至成十倍地提高。

　　2.可以大大減少侵略和篡政的暴力行為。

　　3.可以減少某些國家為防止被襲擊而先發
制人、向他國發動進攻的可能性。

　　4.可以推動裁軍運動和協助防止核子擴
散。

　　5.可以因進行有關的培訓而大大提高人民
群眾的覺悟。

　　6.減少國際間在解決爭端時使用暴力的方
式，而代之以和平協商的辦法。

　　7.增強外交活力，發揮透過外交解決爭端
的作用。

第三節　　反對派和懷疑派的意
　　　　　　見

　　非暴力國防是一種新鮮事物。世界歷史上
有過所謂永久中立國或永世局外中立國如瑞士
等，其國防可能與此相似；但是，從來沒有人

能夠在強大的侵略勢力壓境時，保證此種國防可以發揮有效的抗擊力量，因而人們對此種防禦持懷疑與反對者甚多。他們認為：

首先，當敵對方面發現非暴力國防能夠給他的目標帶來嚴重損害時，他就有可能採取戰爭升級的辦法，發動大規模的猛烈進攻，改變戰爭的態勢，以求早日實現其侵略目的。而在防禦者方面，也會因對方的壓力和胸中的憤恨而主張以牙還牙，擴軍備戰。

其次，非暴力國防因為所採取的實質上是一種與「防禦性游擊戰」相類似的作法，而這種作戰方法常常會導致高於全體居民百分之十的死亡率，和大規模物質與社會結構上的破壞。

再次，贊成這種國防政策的往往只限於缺乏足夠軍事力量的小國，如波羅的海愛沙尼亞等四小國、奧地利、瑞士、瑞典、丹麥、南斯拉夫、原西德，以及因新獨立還來不及建軍的小國。並且它們所實行的事實上是一種軍事武裝國防與非暴力國防相結合的政策；而且以軍

事爲主，非暴力手段作補充。至於大國，尤其
是超級大國，雖然當他們戰敗時在被佔區也採
取過非暴力鬥爭；但在基本上，是絕對不會採
取非暴力國防政策的。儘管他們口頭上可能不
便反對，但實際上，它們所深信的還是自己的
武力。

　　總之，非暴力國防是一個很美好的理想，
值得努力探索其推廣的辦法，但也應該認識到
其前面的道路是非常崎嶇的。這正如同反對核
武器和實行裁軍一樣，其艱巨性是任人皆知
的。

　　但是，我們也絕對不可以因困難與問題甚
多而喪失信心。人類必將有擺脫使用戰爭互相
屠殺的野蠻狀態的一天，學會和睦相處，獲得
持久的和平。我們要用加倍的努力，促使這一
天早日到來。

第四節　非暴力手段在其他場合的運用

一、只有正義一方才能夠掌握的武器

從以上各個章節可以看出，非暴力鬥爭是反對獨裁，爭取自由民主；反對社會壓迫，爭取公平正義；反對陰謀篡權，保證國家法制；反對殖民統治，爭取民族獨立的最強而有力的武器。它所使用的戰略戰術和方式方法，都是只有代表正義的一方才能夠使用的。例如反對勢力就根本無法發動真正大規模的遊行示威，更無法採用非暴力不合作與干涉等手段。有時統治者也會發動一些御用的集會和遊行之類的假冒民意的活動，但那只不過是一種插曲式的政治鬧劇而已；既沒有力量，也不起作用。

當權派只有在抵禦外侮或摧毀篡權陰謀而與人民站在一起時，才能夠沾人民的光，使用這種武器。正因為如此，所以非暴力戰略家向

來就是公開宣傳自己的觀點和戰略戰術與方法，而從來沒有怕被敵人偷走的顧慮。

由此可見，非暴力鬥爭一般只能使用於以下這些場合：

1.人民反對政府的鬥爭：非暴力鬥爭首先是人民群衆爲爭取社會進步而反對政府的有力手段，而不管這政府是民選的合法政府，還是透過武力或其他途徑建立的獨裁政府、極權政府。政府的性質不同或者運動的目標不同，則所使用的戰略戰術和方式方法也就會有很大的差別。

2.人民反對暴力篡奪集團的鬥爭：其次，人民群衆爲反對使用暴力篡奪政權的野心家或陰謀集團，常常是採取非暴力鬥爭的手段；因爲這種政變一般都會導致社會的倒退，一般都得不到人民的支持。而如果政變是陰謀集團與獨裁政府之間的矛盾，這時人民群衆就只好細心觀察，「兩害相較取其輕」；或者乾脆乘機自己另起爐灶。

一般說來，在反對篡政暴力集團的時候，

原來的合法政府或其殘存勢力，總是站在人民
群眾一邊，共同奮鬥。

　　3.抵禦外侮：在碰到外國侵略者的時候，
由於民族利益高於其他，非暴力鬥爭的群眾多
與原來的統治者站在一起，以反抗外來侵略或
殖民主義，爭取本民族的獨立。

　　4.其他情況：當矛盾與衝突發生在兩個暴
力篡權集團或兩個獨裁政府之間時，其情況與
前述第二點相似，應該具體分析，然後再決定
取捨。一般說來，當以上一方取得勝利後，人
民必然起而與之作鬥爭，其目的不是恢復已經
被推翻了的勢力，而是乘機建立人民民主的政
權。

二、解決一切衝突的普遍準則

　　人類社會的衝突是多種多樣的。當代非暴
力鬥爭戰略家並沒有把一切衝突的解決，都列
為自己的研究範圍。但是，有一類時常發生並
且很影響社會安寧的大規模衝突應該包括進
去，這就是人民內部的衝突：人民內部兩個社

區居民、兩種政治勢力或持兩種社會政治觀點的人民群眾之間的衝突。例如在美國，為主張自由墮胎和反對墮胎的公民之間，經常掀起波瀾壯闊的大規模遊行，有時並且還激發暴力事件，如兩派群眾武鬥或毆打、槍殺進行墮胎的醫生等。在中東和其他地方的回教世界，不同教派之間也常發生暴力衝突。

　　不應該讓此種經常發生的人民內部的衝突成為研究上的空白點。應該明白指出，在發生人民群眾之間的衝突時，也可以而且必須用非暴力鬥爭的方式去解決。雙方都可以使用本書所探討過的各種手段顯示自己的威力，但卻以社會、政府和立法機關為仲裁人，而不是向對方使用「非暴力干涉」等激烈手段去困擾對方。

　　至於國際衝突，不管雙方的團體和政權形式如何，都應該透過雙邊、多邊協商或聯合國的斡旋解決問題，而絕對不應該訴諸武力。在這種場合，同樣是使用非暴力手段，只不過其內容與解決國內衝突很不相同而已。

第五節　鬥爭的結局——成功與失敗

　　人間一切戰鬥，都是爲了成功，爲了實現自己的預定目標；能夠超額完成任務當然更好。而失敗則是指目標沒有完成。當然，更多的情況是部分地實現了預定的目標，這時到底是成功還是失敗，也不能光憑實現目標的百分比來衡量，而應該考慮到更多的因素：對客觀形勢和敵我力量的估計是否準確？目標定得是否恰當？戰略戰術和戰鬥方法是否得體？鬥爭結束後我方的力量以及社會影響發生了哪些變化？是增強了還是削弱了？對今後的運動將產生一些甚麼影響？如此等等。只有這樣，才能夠作出比較正確的結論。

　　不僅如此，有時明知勝利沒有希望，例如在頑固的極權國家要求實現多黨制、言論自由與保障基本人權等等；雖然肯定這些目標在短期內沒有實現的希望，但也要挺身而鬥，以爲

將來的成功舖設道路。

　　當敵我力量對比懸殊的時候，理所當然地會遇到暫時的失敗，這時的任務是盡量減少損失，而不是怨天尤人。我國唐代文學家韓愈說得好：用力把一根細繩拽斷，繩子上必然會有斷裂之處；不從力量對比著眼而怪斷裂處太不牢固，這只能算是糊塗蟲的見解。

　　以上只是衡量成功與失敗的一般道理。在衡量非暴力鬥爭時，還要考慮另外兩種因素，即長遠與局部的問題。

　　從局部的角度看，戰爭本是一場一場打的。在一系列的局部戰爭中，必然有勝有敗，即所謂勝敗乃兵家常事，常勝將軍是沒有的。關鍵在於進行這場具體戰爭時，在從制定方案到具體作戰過程中，有沒有盡自己的主觀努力。

　　非暴力鬥爭中，人民所取得的局部勝利與成功，遠比社會上所認識到的要多得多。因為除了運動所提出的直接目標之外，還有由歷次運動所積累的愈來愈大的政治和社會影響，而

這些都是無價之寶。從1956～57年的波匈事件到1989年的天安門慘案，其成功與失敗，都只有用綜合性的眼光，才能夠作出正確的評估。

特別重要的是，對於非暴力鬥爭的成功與失敗，要用長遠的觀點看問題。

從長遠的觀點看，人類爭取民主、自由、公平與人權的鬥爭，是一場至少已經持續了幾千年的尖銳鬥爭。從使廣大黎民百姓，由做奴隸牛馬到今天的獲得了「當家作主」的公民身分——至少是名義上的當家作主的身分，應該說已經取得了無比輝煌的勝利。革命、民主與人權，已經成了連獨裁暴君也不得不假心擁護的東西。這一切，都是由以往的無數次鬥爭，積小勝而成大勝所匯集而成的。其間每一次失敗都是下一次勝利的墊腳石。人民由無權到享受一定的民主權利，這中間是多麼漫長而艱巨的道路！

試想，當年印度的甘地，在領導印度人民以不合作運動追求印度的獨立時，他們坐牢、挨打，受過多少痛苦，但沒有一次達到了這一

遙遠的目標。然而到1947年獲得獨立之後，再回過頭來細看過去的無數次成功與失敗，卻都成了這通往成功之路上的塊塊舖路的石頭。所以有人說，非暴力鬥爭，即使打成了平局，也是人民的勝利，因為人民已經從不對等的奴隸和群氓身分，變成了與政府平起平坐的對手，這本身就是一種成功和勝利。

　　懂得了這個道理，才能夠在非暴力鬥爭的大道上，昂首闊步地前進。

結　論

　　透過以上的陳述，我們可以清楚地看出，非暴力鬥爭是自從有文字記載以來的遠古就開始了的。這是因爲人類社會充滿著矛盾和衝突，並且在社會領域也是「作用力與反作用力相等」，有壓迫的地方就會有反抗。而進行反抗的方式，只可能或則是使用暴力，或則是非暴力的。

　　由此可見，有人認爲只有在有言論出版與集會結社自由的民主國家才有或者才適宜展開非暴力運動，在專制極權國家沒有非暴力運動；這種觀點顯然是一種誤解。非暴力運動幾乎是無所不在的。在實行民主制的西方，雖然

示威遊行的事情人們司空見慣，此起彼伏；但是論運動規模之大，鬥爭之猛和影響之深，還是以第三世界的發展中國家最爲突出。原因是那裡矛盾衆多，鬥爭激烈，因而其鬥爭結果所產生的影響也最爲深遠。

　　本世紀二〇～四〇年代，印度的民族英雄甘地用不合作運動，居然打垮了當時頭號帝國主義英國的殖民統治，獲得了獨立，引起全世界人民的矚目。於是這從古就有的非暴力鬥爭的涓涓細流，一變而成爲有重大政治影響的洪流。此後經過一系列的非暴力民族獨立運動，使非暴力鬥爭運動成爲當代使人十分矚目的政治運動。特別值得注意的是五〇年代以來，社會主義國家、尤其是蘇聯東歐國家的非暴力運動，捅破了鐵幕，搞垮了一系列的共產主義政權，基本上結束了冷戰，使世界面目大爲改觀。於是這非暴力運動，竟一躍而成爲可以席捲世界的狂濤。

　　從此，許許多多的人對非暴力運動不再陌生和歧視，認識到它是改變社會的一種重要手

段。它的收效不比武裝鬥爭慢，損失卻比武裝
鬥爭小，而威力則有時比武裝鬥爭大得多。但
是，這還遠不能算是對它有了從理論到實踐的
有系統深入的認識。

　　一些敏感而富有遠見的學者和社會活動
家，在鬥爭現實的啓發下深有感觸。他們想道：
以往的非暴力鬥爭，大多是自發的、缺乏理論
指導和周密的組織與準備，尚且取得了如此輝
煌的成績，如果對非暴力運動展開深入的研
究，作到有理論指導，有組織和領袖，並使每
一次運動都有準備、有計劃、有訓練，可以肯
定非暴力運動的力量將會成倍、成十倍地增
加，成爲無往而不勝的強大政治力量。

　　於是，對非暴力鬥爭的研究，很快就發展
成爲一門跨學科的研究課題。舉凡政治學、國
際關係學、社會學、心理學等學科的學者、非
暴力鬥爭戰略家、國際關係專家、國際衝突解
決專家、和平與安全問題專家、社會運動與變
遷研究專家、權力現象與暴力行爲研究家、國
防問題專家、各種志願機構成員乃至政府官員

等,都對此很感興趣。他們先後建立了許多跨學科的綜合研究機構,在大學裡開設有關的課程等,例如波士頓的愛因斯坦研究所(The Albert Einstein Institution)、哈佛大學的國際事務中心(Center for International Affairs at Harvard University)等便是在這方面很有名氣的活躍單位。美國以及其他發達國家的許多學術機構,也都有類似的課程或研究項目。他們出版有關刊物和書籍,並派專家梭行於發生非暴力運動的地點,收集案例和資料並盡力給予幫助,這些都大大有助於推動非暴力運動的發展。

但是,當前世界的、主要是西方的非暴力鬥爭研究,也還有一定的缺點,這主要是理論工作還不夠深入和系統化、條理化,不同觀點交換意見不夠,以及對非暴力的理論展開廣泛宣傳不夠,許多地方的非暴力運動,依然是處於自發階段。

為了促進各個國家和地區非暴力運動的迅速發展,使世界早日進入減少乃至消滅暴力的

境界，目前應該向以下幾個方面多作努力：

一、展開理論研究，積累和交流經驗

　　各個領域的學者應該避免各自爲政，而在怎樣推動社會改革、謀求社會進步方面多多取得共識。大家應該努力發展有關非暴力鬥爭的理論，注意收集案例，並最好是親到現場去了解實情，積累和交流經驗。特別是應該盡快總結出在不同社會制度和文化傳統的國家開展非暴力運動的經驗。

二、加強宣傳

　　非暴力鬥爭的全部力量，就在於廣大群衆團結一致，去共同爭取社會進步；而如果能夠早日發出理論家所想像的那種政治原子能，那就將進一步使得非暴力鬥爭成爲所向無敵的改革社會的動力。

　　所有這一切，都有待於耐心而且細緻的大量宣傳工作，讓全體人民都知道，一切統治者都是軟弱無力的，他們的全部權力都是來自人

民。他們手中權力的大小，完全取決於人民是
否願意與之合作，以及提供權力資源的多少程
度，只有人民才是真正強大的。人民應該趕快
站起來成為社會真正的主人。

　　人民不僅應該有起而行動的願望，並且應
該學會抓住適當的時機，選定合理的目標，建
立相應的組織，確定正確的戰略戰術與方法手
段。這樣就一定能夠取得一個又一個的勝利。

　　遺憾的是，當前世界各地的許多非暴力鬥
爭，都還處於自發階段，以致未能取得應有的
成績和避免不必要的損失。這在在都與宣傳工
作做得不夠有關。當然，統治者的惡意封鎖、
阻止和破壞對非暴力鬥爭的宣傳工作，也是重
要原因。但是，正因為有統治者的蓄意封鎖，
才需要我們加倍的努力展開宣傳。

　　以上這種宣傳工作，說來容易，但要認真
作到則是十分困難的，因為這事實上是要喚起
民眾的問題。古今多少仁人志士，曾經耗盡畢
生精力致力於此，但卻不是每個人都獲得了成
功的。正因為如此，所以我們才需要有百折不

撓的精神，鍥而不捨地去進行這一工作。

　　應該看到，在今天，人民的文化程度已有
顯著提高，交通媒體空前發達，各國人民交往
頻繁：西伯利亞早上發生的事情，下午就有可
能爲南非人民所知曉。這一切，對於開展普及
性宣傳工作十分有利。政治原子能的開發，已
不再是可望而不可及的事情了。

三、建立國際支援網絡

　　在科技飛躍發展的今天，地球一天天在縮
小，以致有胸懷的人士，把它生動形象地叫做
「地球村」。生活在同一個村子裡的人，「出入
相友，守望相助，疾病相扶持」，是再自然不過
的事情。因此，今天任何一種政治運動，無不
注意擴大國際影響，爭取國際社會的援助。

　　非暴力鬥爭是一種排斥暴力，以輿論與宣
傳爲主要手段，爭取社會同情從而取得勝利的
群衆運動，尤其應該重視和爭取國際支援；而
事實上在今天，來自他國的從精神上的呼應到
物質上的幫助，也很能夠轉瞬就收到，可以給

運動提供很大的幫助。事實上，國際綠化組織、
國際特赦組織等都曾經從國際支援中得到很大
的好處。

　　1989年中國大陸和當時的蘇聯、東歐的民
主運動，都曾經受到國際方面很大的影響。

　　今後非暴力運動的活動家，應該有意識地
加強這方面的工作，甚至可以建立常設性的非
暴力行動國際聯絡委員會，以加強國際間的聯
繫合作與互相支援，促進運動的加快發展。

參考書目

Adam Robert: *Civil Resistance in the East European & Soviet Revolutions,* Cambridge, The Albert Einstein Institution Monograph Series, No. 4, 1991

Adam Robert, ed.: *Civilian Resistance as a National Action Against Aggression,* Harrisburg, PA, Stockpole Books, 1968

Anders Boserup: *Non-Offensive Defense in Europe,* University of Copenhagen, Center of Peace and Conflict Research, Working Paper, No.5, 1985

Andre Beaufre: *An Introduction to Strategy,* New York, Frederick A. Praeger, 1965

Anthony De Crespigny: *The Nature and Methods of Non-Violent Coercion,* Political Studies 12 (1964)

Bartelemy de Ligt: *The Conquest of Violence: An Essay on War and Revolution,* New York & London.

Carter, April, David Hoggett & Adam Roberts, eds.: *Nonviolent Action: A Selected Bibliogrphy,* London, Housmans, 1970

Cecilia Albin: *The Politics of Terrorism: A Contemporary Survey,* in *The Politics of Terrorism: Terror as a State & Revolutionary Strategy,* Barry Bubin, ed., Baltimore, Johns Hopkins Univ. Foreign Policy Institute, 1989

Clarence Marsh Case: *Non-Violent Coer-*

cion: A Study in Methods of Social Pressure, N.Y. & London, Century, 1923, Reprint by Garland Publishing (N.Y.), 1972

Etienne de la Boetie: *Discours de la Servitude Volontaire*

Fahey, Joseph & Richard Armstrong, eds.: *A Peace Reader: Essential Readings on War, Justice, Nonviolence & World Order,* New York, Paulist Press, 1987

Gene Sharp:

1. *The Politics of Nonviolent Action,* 3 Vols., Boston, Porter Sargent, 1980

2. *Civilian-Based Defense,* Princeton University Press 1990, 台北前衛出版社有李方譯中文本：《群眾性防衛》，1994

Henry D. Thoreau: *Civil Disobedience,* New York, Pegasus, 1969

Joan V. Bondurant & Margaret W. Fisher ed.: *Conflict, Violence and Nonviolence,* New York, Lieber-Atherton, 1973

Judith Stiehm: *Contemporary Theories of Non-Violent Resistance,* Ph. D. diss, Columbia University, 1968

Mohandas K. Gandhi: *Non-Violent Resistance* (Satyagraha), New York, Schocken Books, 1951

Mulford Q. Sibley: *The Quiet Battle: Writings on the Theory & Practice of Non-Violent Resistance,* New York, Doubleday Anchor Books, 1963

Peter Ackerman & Christopher Kruegler: *Strategic Nonviolent Conflict,* Westport, CT, Praeger Publishers, 1994

Robert L. Holmes: *Nonviolence in Theory & Practice,* Belmont CA, Wadsworth Publishing, 1990

Ronald M. McCarthy: *Resistance, Politics and the Growth of Parallel Government in America, 1765-1775,* in Walter Conser et al. ed.: *Resistance, Politics and the American Struggle for Independence,* Boulder, Colo, Lynne Reinner Publisher, 1986

Stauphton Lynd, ed.: *Nonviolence in America, A Documentary History,* New York, The Bobbs-Merrill Company, Inc., 1996

Timoty G. Ash: *The Polish Revolution: Salidarity, 1980-1982,* London, Jonathan Cape, 1983

Weinberg, Arthur & Lila Weinberg, eds.: *Instead of Violence: Writings by the Great Advocates of Peace and Nonviolence throughout History,* New York, Grossman, 1963

Werner Rings: *Life with the Enemy: Col-*

laboration & Resistance in Hitler's Europe, 1939-1945, Garden City, New York, Doubleday, 1982

《托爾斯泰論文集》，各種版本均可。

黎惜平：《中國非暴力鬥爭史》，香港，九十年代出版社，出版中。

德希達
Jacques Derrida

作者: 楊大春
定價: *NT.150*
ISBN: *957-8637-09-8*
CIP: 〔146〕
電腦編碼: *F2001*
當代大師系列 *01*

　　德希達，因開啓解構理論而在西方思想界享有聖譽。在過去二十多年裡，他的解構理論廣泛地影響了社會科學的各個領域；作為後現代主義的中堅人物，他把人們的理智生活推展到一個新階段；他的許多概念和方法已經成為當今人類知識的重要部分。因此，要把握當代西方文化的時代特徵及走向，就應該了解德希達的思想………

李歐塔
Lyotard

作者: 鄭祥福

定價: *NT.150*

ISBN: 957-8637-10-1

CIP: 〔146〕

電腦編碼: *F2002*

當代大師系列 *02*

　　李歐塔,當今法國最重要的思想家之一,他不僅促進後現代哲學的形成與發展,且推進文化後現代主義的開展。他的文化後現代主義風潮刮遍全球,深深地影響著歐洲人的思想風貌,更為全球知識份子帶來了蕩滌現代文化的衝激浪潮。他對於後現代主義的推波助瀾作用,可說並不亞於一顆原子彈的破壞性後果;對台灣知識界來講他更是一位不能不認識的重要思想家,而本書對他的前後期思想,做了相當完整的爬梳。

· 文化手邊冊29 ·

非暴力鬥爭

作　　者／李方

出 版 者／揚智文化事業股份有限公司

發 行 人／林智堅

副總編輯／葉忠賢

責任編輯／賴筱彌

執行編輯／晏華璞

登 記 證／局版台業字第4799號

地　　址／台北市新生南路三段88號5樓之6

電　　話／(02)366-0309・366-0313

傳　　眞／(02)366-0310

郵　　撥／1453497-6

印　　刷／偉勵彩色印刷股份有限公司

法律顧問／北辰著作權事務所　蕭雄淋律師

初版一刷／1997年元月

定　　價／新台幣150元

南區總經銷／昱泓圖書有限公司

地　　址／嘉義市通化四街45號

電　　話／(05)231-1949・231-1572

傳　　眞／(05)231-1002

ISBN 957-9272-90-5

非暴力鬥爭＝*Non-violent struggle*／李方著
. --初版. --臺北市； 揚智文化出版；嘉義
市：昱泓總經銷， *1996* 〔民*85*〕
　　面； 公分. --（文化手邊冊；*29*)
　參考書目：面
　ISBN 957-9272-90-5(平裝)

　*1.*政治-哲學，原理　*2.*政治運動

570.11　　　　　　　　　　　*85012091*